# 現代の企業経営

三学出版

# はじめに

　デジタルテクノロジーの進展、グローバル競争の熾烈化、さらに新型コロナウイルスの感染拡大による世界情勢の混迷など、企業をとり巻く環境が大きく変化し、その経営も新たなものに変えていかなければならなくなっている。こんな時だからこそ、「企業経営とは何か」という原点に立ち返る必要がある。

　本書は第1章から第3章において「現代企業とその社会的役割」「コーポート・ガバナンス」「経営理念と戦略」について解説している。まず企業は社会に対してどのような役割を果たしているのか。私たちの暮らしと企業のかかわりや企業の社会貢献について考える。次に、企業に求められている利益の確保と企業の長期的な存続が、適正に適法に行われることが重要である点を指摘している。さらに、経営理念は、企業を中長期的に発展させる力であり、よい経営理念のある企業は大きな成功を得ることができる点について説明している。この経営理念の下で様々な競争戦略が展開されることとなる。

　第4章から第9章では、経営資源をどのように運営しているかについて述べる。「生産と製品開発」「経営組織」「人的資源管理」「マーケティング」「デジタル経営」「財務管理」について解説している。「企業経営とは何か」という原点に立ち返ってみると、経営は「変」「不変」で成り立っている。環境に適応し、ときに応じて先取りして、変化し続けることが経営の基本である。他方で、どんなに環境が変わろうとも変えてはならない不変的なものも存在している。企業は「変」と「不変」のバランスのうえで成り立っている。本書は、そのような視点に立って、「変」と「不変」の両方を見据えて執筆している。

　いま既存の事業やビジネスモデルが新規参入のデジタルプレイヤーによって一気に陳腐化し、デジタルテクノロジーはこれまでのビジネスの常識や秩序を劇的に変えてしまっている。このデジタル化の遅れが明白となったのは、2020年に中国・武漢で始まった新型コロナウイルスの感染拡大によってである。コロナショックにより、日本は他国に比べ、デジタル化が遅れていることがわかり、官民挙げてデジタル化、オンライン化、リモートワークを加速させる契機となった。とりわけ民間企業はコロナショックを「働き方改革」のきっかけにしようとしている。不要な出勤はやめ、在宅勤務、リモートワークに切り替え、これまでの常識を根本から見直し、新たな時代に合った働き方をしなければならない。ペーパーレス化や印鑑の廃止を進めるなどこれまでのビジネス慣習も見直す必要がある。本書は第8章でデジタル経営を解説している。

　本書は経営における原理原則を明らかにしたうえで、新たな企業経営の考え方や技術トレンドなどを体系的に解説している。「経営学」を初めて大学で学ぶ人や若いビジネスパーソンのために書かれた入門書である。本書を通じて読者の皆さんが企業経営という「生きもの」の全体像をつかみ、興味をもって頂ければ、執筆者一同これ以上のよろこびはない。なお、本書の執筆者7名は日本企業経営学会の会員である。

　おわりに本書の出版をご快諾いただき、また編集上のアドバイスをくださった三学出版編集長中桐和弥氏に厚くお礼申し上げる。

2021年9月吉日

執筆者代表　西田安慶

# 著者紹介と執筆分担　＊印は編著者

## 西田　安慶　（にしだ　やすよし）＊　執筆担当：第1章

東海学園大学名誉教授、日本企業経営学会会長、経営関連学会協議会評議員（元筆頭副理事長）。米サンフランシスコ州立大学名誉博士（経営学）

専攻：地域産業論、中小企業論、マーケティング論

　著書に、『現代のマーケティング戦略』（共著、三学出版、2022年）、『地域産業のイノベーションと流通戦略』（編著、千倉書房、2020年）、『地域産業の経営革新』（共編著、税理経理協会、2018年）、「地域産業の経営戦略」（共編著、税理経理協会、2016年）、『地域産業の振興と経済発展』（共編著、三学出版、2014年）、『マーケティング戦略論』（共編著、学文社、2011年）、『環境と消費者』（共著、慶應義塾大学出版会、2010年）、『新現代マーケティング論』（単著、弘文社、2006年）、『流通・マーケティング』（共著、慶應義塾大学出版会、2005年）などがある。

## 林　純子　（はやし　じゅんこ）＊　執筆担当：第9章

滋賀大学名誉教授　修士（経営学）　神戸大学大学院博士後期課程中退

専攻：管理会計論、原価計算論、ドイツ経営学（経営経済学）

　著書に、『サービス企業原価計算論』（税務経理協会、2002年）がある。

## 河田　賢一　（かわだ　けんいち）　執筆担当：第4章、第7章

常葉大学経営学部　教授　修士（商学）（中央大学）
　　　　　　　　神奈川大学大学院博士後期課程単位取得退学

専攻：流通論

　著書に、『リテールマーケティング入門』（共著、白桃書房、2023年）、『地域経済と流通』（共著、五絃舎、2023年）、『現代のマーケティング戦略』（共著、三学出版、2022年）、『現代流通序説』（共著、五絃舎、2022年）、『流通政策の基礎』（共著、五絃舎、2022年）、『基礎から学ぶ流通の理論と政策（第3版）』（共著、八千代出版、2021年）、『流通と小売経営（改訂版）』（共著、創成社、2021年）、『販売管理論入門（改訂版）』（共著、学文社、2021年）、『地域産業のイノベーションと流通戦略』（共著、千倉書房、2020年）、『現代商業経営序説』（共著、五絃舎、2020年）、『現代流通変容の諸相』（共著、中央大学出版部、2019年）などがある。

丸山　一芳　（まるやま　かずよし）　執筆担当：第6章、第8章

　京都橘大学経営学部　教授　博士（知識科学）（北陸先端科学技術大学院大学）
　専攻：知識経営論、イノベーション論、アントレプレナーシップ論
　　著書に、『地域産業のイノベーションと流通戦略』（共著、千倉書房、2020年）、
『地域産業の経営革新』（共著、税理経理協会、2018年）がある。論文に、「伝統
産業におけるイノベーションを起こす企業家精神：日本酒における塩川酒造の事
例研究」『関西ベンチャー学会誌』（第9号、関西ベンチャー学会、2017年）、「地
方創生と企業家精神：新潟地域における企業家と企業家教育」『リアルオプション
と戦略』（第8号、日本リアルオプション学会、2016年）などがある。

日向　浩幸　（ひむかい　ひろゆき）　執筆担当：第5章

　羽衣国際大学現代社会学部　教授　修士（経済学）（中央大学）
　　　　　　　　　　　　　　　　　中央大学大学院博士後期課程単位取得修了
　専攻：戦略論　組織論　経営学史
　　著書に、『新 企業統治論　CORPORATE GOVERNANCE』（共著、税務経理協会、
2021年）、『地域産業のイノベーションと流通戦略』（共著、千倉書房、2020年）、
『地域産業の経営革新』（共著、税務経理協会、2018年）、『地域産業の経営戦略』
（共著、税務経理協会、2016年）、『地域産業の振興と経済発展』（共著、三学出版、
2014年）、などがある。

宮井　浩志　（みやい　ひろし）　執筆担当：第2章

　山口大学経済学部経営学科　教授　博士（農学）（神戸大学）
　専攻：地域企業経営論、農業市場論、フードシステム論
　　著書・論文に、『現代の食料・農業・農村を考える』（分担著書、ミネルヴァ書房、
2018年）、『キャリア・アントレプレナーシップ論』（分担著書、萌書房、2015年）
『「農」の付加価値を高める六次産業化の実践』（分担著書、筑波書房、2013年）、
「企業主導によるインショップ型産直の消費者評価に関する研究」（共著、『消費
経済研究』(10)、2021年）、「企業的果樹農業経営における6次産業化の展開」（単
著、『企業経営研究』(24)、2021年）、「生鮮果実消費減退下における企業主導
による国内キウイフルーツ市場の再活性化」（単著、『産研論集』(47)、2020年）
などがある。

西田　郁子　（にしだ　いくこ）　執筆担当：第3章

　下関市立大学経済学部　准教授　博士（経済学）（名古屋市立大学）
　専攻：経営戦略論、流通システム論
　　著書に、『地域産業のイノベーションと流通戦略』（共著、千倉書房、2020年）、
『現代のマーケティング戦略』（共著、三学出版、2022年）などがある。論文に、
「地域産業の生産財取引における関係構築戦略－愛知県西尾抹茶産地の流通シス
テムの事例－」『企業経営研究』（第22号、日本企業経営学会、2019年）などが
ある。

# 目　次

# 第2章　コーポレート・ガバナンス
## －企業の経営と統治－

# 第３章　経営理念と戦略
## 　　　－戦略のマネジメント－

# 第４章　生産と製品開発
## 　　　－企業による製品やサービスの開発と生産－

# 第5章　経営組織
## －経営組織の成立と分権・集権－

# 第6章　人的資源管理
## －人事管理と人事制度－

# 第7章　マーケティング
## －マーケティングの基本戦略－

# 第8章　デジタル経営
## －デジタルが変える企業経営－

# 第9章　財務管理
## －資金の調達と運用－

## 第 1 章　現代企業とその社会的役割

### 1．企業の本質と役割

　企業とは、商品すなわち財やサービスを産出し、提供する生産活動を行う主体をいう。この活動を事業という。企業は行政、NPO（非営利組織）とともに、生活者の暮らしづくりに役立っている。私たちの日常生活を振り返ってみると、一日中企業との関わりなしには生活が成り立たない。たとえば、朝の食事で食べるものは、すべて企業が生産している。また、通勤や通学で利用する電車も企業が提供しているサービスである。勤務先や大学で使う机やいすも企業がつくった製品である。さらに、よく使っている携帯電話やスマートフォンも企業がつくって私たちに提供している。このように企業は生活者の暮らしづくりに役立っている。つまり、企業は私たちの生活を支えて、豊かにすることに役立っている。

　企業は、働いた人に対して給料を支払うのも重要な役割である。つまり、企業は私たちにとっては消費する商品を生産し、販売すると同時に、その商品を手に入れるための資金の源泉でもある。商品を手に入れるためには、対価（代金）を払わなければならず、資金が必要になる。資金を手に入れるためには働くことが条件となる。個人で仕事をする人もいるが、多くの人は企業で働くこととなる。その働き方は様々であるが、このように人は企業で仕事をして給料をもらい、それで商品を購入する。給料をもらうということは、労働

力という商品を企業に売っていることである。大多数の人は家族という単位でその中の誰かが企業から収入を得て、生活を営んでいる。

　以上で述べたように、企業を生産の場ととらえ、私たちはそれを消費する立場と考えると、企業は私たちにとって、非常に身近な存在として浮かび上がってくる。この世の中に企業がなければ生活が成り立たない。企業はそれほど私たちにとって身近な存在なのである。

## 2．さまざまな企業形態

　制度的あるいは法律的には、多種多様な「企業」「会社」が存在している。そこで、事業活動を進めていくための器としての企業形態を概観する[1]。

### （1）出資方法による分類

　分類の軸となるのは、出資者の構成や出資と経営のあり方である。第一に、出資者が政府や自治体で、それらが経営する場合は公企業である。広義には、第3セクターと呼ばれる公私合同企業も公企業に分類される。公企業とは、出資者が国（政府）や地方公共団体（都道府県市町村）などで、営利活動になじまない事業分野で活動している企業のことを指している。たとえば、鉄道、バス、水道などの事業を営んでいる。また、公立病院にみられるような医療の分野などである。

　第二に、出資と経営を私人が担う場合には私企業と呼ばれる。

### （2）経営目的による分類

　営利を目的としない企業は、非営利企業と呼ばれる。非営利企業には、協同組合や相互会社が含まれる。協同組合とは、消費者、農林水産事業者、中小企業事業者などによる相互扶助を目的として組

織されたもので、生協、農協、漁協などがある。また、相互会社の形態は生命保険会社が採用している。その基本的な考え方は、保険料を払う契約者同士が支え合うことにある。

　次に、営利を目的とするのが営利企業である。この営利企業は、出資者が個人の場合には個人企業、複数である場合には共同企業に分類される。

## 3．会社の多様性
### （1）会社制度

　営利の共同企業はさらに、組合企業、匿名組合、信託、会社に分類される。以下、特にこのうちの会社について述べたい[2]。

　代表的な会社には、合名会社、合資会社、共同会社、株式会社がある。これらの企業が事業活動を進めていくためには、「ヒト・モノ・カネ」と呼ばれる最も基本的な経営資源のほかに「情報・企業文化・技術・時間」も必要である。会社制度とは、会社とこれらの経営資源提供者との関係、資源提供者の間の相互の関係についての規範的な取り決めのことである。その際、焦点となるのは「協働の成果の配分」「意思決定の権限の分配」「リスクの分配」である。

### （2）有限責任と無限責任

　出資者が誰かという点に着眼した公企業・私企業という分類のほかに、出資に関してどの程度の責任を負うかという点に着眼した分類の仕方もある。

　合名会社や合資会社には、全部あるいは一部の社員に無限責任が課せられている。無限責任社員の場合、会社がその財産を用いて債務を返済することができない状態となると、返済が終わるまで、個人財産を投じてでも他の出資者たちと連帯して限度なしの責任を負

わなければならない。

　株式会社は有限責任を特徴としているので、会社がその財産を用いて返済できない状態となっても、社員の負担は出資を放棄するにとどまる。なお、ここでの社員とは「会社員」を意味するものではなく、出資者を意味する。したがって、株式会社の社員は株主ということになる[3]。

## （3）合名会社

　合名会社は、無限責任の社員のみで構成される。意思決定の権限は、全社員が担い、彼らが業務執行を行う。また全社員が代表権をもち、会社の運営に必要な契約を、会社を代表して締結することができる権限をもつこととなる。しかし、事業が失敗したときには、全責任を出資者個人が負う無限責任という形態ではリスクが大きすぎる。また、持分譲渡する際には、全社員の同意が必要で簡単に抜けることができない。このような合名会社では、事業規模を拡大することは容易ではなく、現在は事業規模が限定的な卸売・小売業の会社や酒造業の会社に見られるだけとなっている。

## （4）合資会社

　合名会社の欠陥を補うために登場したのが、合資会社である。合資会社は、無限責任社員と有限責任社員で構成される会社である。持分譲渡は全社員の同意が必要となるのは、合名会社と同様である。また原則的に、会社運営にかかわる意思決定は無限責任社員に委ねられる。有限責任社員は、事業が成功すれば出資比率に応じて利益配分を受けることができる。また、事業が失敗して大きな債務が発生しても、出資分を放棄すればよい。こうした特徴をもつことから、広い範囲から資金の出し手を集めることが可能となる。しかし、株

式会社に比較すると集められる資金には限界がある。

### （5）合同会社

　2006 年 5 月に施行された会社法で規定された新たな企業形態である。これは、米国の LLC（Limited Liability Company）を参考にしたもので、「日本版 LLC」とも呼ばれる。

　法人格を有し、全社員の有限責任制をとる点では株式会社と同じである。合同会社の特徴点は、出資比率とは異なった利益分配を定款で自由に決めることができ、また取締役会や監査役会などの設置義務がなく、会社の内部関係は自由に決められるという点である。合名会社・合資会社とこの合同会社の 3 つを総称して持株会社と呼ぶ。

## 4．株式会社の生成・発展 [4]

　株式会社制度は、いま世界中で一般的にみることができる企業形態である。世界で最初の株式会社は、1602 年に設立されたオランダ東インド会社であるといわれる。この会社は①有限責任制、②取締役会の設置、③資本の証券化、④永続企業、といった株式会社の基本的要件を備えていたからである。出資者のリスクを有限責任として、多くの人から資金を集めて継続的にビジネスを行う会社形態がここに誕生したのである。

　株式会社の制度が、本格的に普及・拡大していったのは 19 世紀に入ってからである。イギリスでは鉄道事業をはじめとして株式会社形態は浸透し、1862 年に会社法が制定された。同時期に大陸のドイツやフランスでも株式会社の法整備が行われた。

　19 世紀末から 20 世紀にかけてアメリカにおいて大企業が次々に誕生した。ここに企業の M&A（合併・買収）により巨大企業が登場しビッグ・ビジネスの時代を迎えたのである。これによってアメリ

カは大量生産と大量消費を推し進め、世界経済の中心となった。20
世紀はアメリカを中心とした「株式会社の世紀」であった。現代の経
済社会は株式会社なくしてありえないといえるほどである。

## 5．巨大企業の経営
### （1）所有権

　現代の巨大企業は「株式会社」の形態をとり、多くの株主や従業員
を抱え、関係会社、消費者、国や自治体、地域社会の経済などに対
して大きな影響を与えている。現代の巨大株式会社では、個々の株
主は、ある会社の資産の持分に対する自由な使用・収益・処分の権利、
回収の請求権などを主張できない。主張できる権利は、新株引受権、
提案権、議決権、代表訴訟提案権、株主総会召集請求権、取締役・
監査役解任請求権などである。これらの権利は「社員権・株主権」と
呼ばれており、本来的な所有権の一部にすぎない。大部分の株主に
とっては、いま持っている利益配当に不満であれば、株式市場で所
有権を自由に売却して他の会社の株に乗りかえればよいのである。

### （2）トップ・マネジメント構造

　トップ・マネジメントの組織は、①株主総会、②取締役会、③代
表取締役（会）、全般的経営層からなっている（図表1-1 参照）。
　国によって異なるところがあるが、次に日本の伝統的な形を想定
して説明したい[5]。

図表 1-1　巨大株式会社の構造

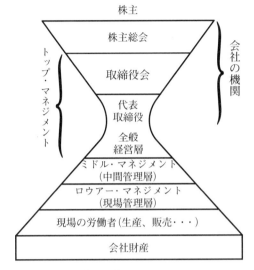

出所：片岡信之（2015）、p.69

① 株式総会：会社の「最高意思決定機関」である。

　1 単元株 6) 以上の時価分を払いこんだ人が株主となる。株主総会の決定にあたっての投票権は 1 人 1 票の方法ではなく、所有株数に応じて与えられる。51％以上の株式を所有している者（人、法人）は、会社を支配し、経営することができる。

② 取締役会：株主総会で選出された者で構成される。

　株主などのステークホルダー（利益関係集団）のために会社財産を効率的に運営するための方針を決定する。近年は取締役の中に、他の会社の役員や公衆の代表である大学教授、弁護士などの社外取締役が置かれるようになった。そして、取締役会は社長などの代表取締役が方針に沿って業務執行を公正かつ効率的に行なっているかどうかを監督する。

③「代表取締役」（CEO）[7]：取締役会で選出される。

代表取締役社長、代表取締役専務などの執行役は、取締役会を代表する。また全般的経営層の中心となる者であり、具体的には取締役から委任された日常業務を行なう責任を負っている。

④「全般経営層」

社長や専務、並びに取締役ではない役員（執行役員）をも含んだ執行役会を意味する。その役割は、生産、販売、財務などを分担して日常業務を行なうことにある。

⑤ 監査役（会）

業務監査や会計監査によって、取締役の職務執行が不適当ないし法律に違反していないかどうかを監査する。監査役は取締役を兼任することはできない。会社法によると、資本金5億円以上、負債200億円以上の大会社でなければ、監査役をおくことは義務づけられていない。大会社の場合、最低で3名の監査役（そのうち半数は社外の人物を任命する社外監査役）で構成される監査役会を設置しなければならない。

## 6．企業の目的と経営資源
### （1）企業設立の目的とプロセス

企業の生成には、①目的、②事業、③経営資源が必要である。つまり、一定の目的を達成するために、さまざまな資源を利用して事業を運営する主体が、企業である。この具体的な目的、事業、そして経営資源は時代によって異なる。

① 目的

目的は、何のために企業を設立するかということである。たとえば、何らかの製品をつくって売るのが企業の目的であったり、利益をあげるとか世の中に役立つために事業を行うといった目的があったりするはずである。それでは、企業の基本的目的は何かについて考えてみたい。

特に営利法人（会社）においては、利益をあげることが目的となっている。商法などでも、会社は商行為などの営利行為を目的とする法人であるとされている。営利とは、投下した資本よりも大きな所得、すなわち利潤を得ることである。この点が公益法人や組合と異なる点である。

資本家が利潤を求めて有利な事業に投資するのは確かであるが、反面、会社は資本家のためだけにあるのではない。事業をスムーズに展開するためには、従業員をはじめ、さまざまな関係者に配慮しなければならない。つまり、会社は社会的な存在であり、社会への貢献、世の中に役立つことが求められている。

② 事業の概念

事業とは、商品（財やサービス）を生産し、提供することである。財とは有形の商品であり、サービスとは無形の商品である。財とは衣・食・住や自動車、電気製品などのモノのことである。商品としてのサービスは運輸業、通信や放送、レジャーランドなどが無形のサービスを売っている。つまり消費者はモノだけでなく、サービスにもお金を払っている。

**（2）企業の構成要素　ーヒト、モノ、カネー**

事業を行うためには、さまざまな資源が必要となる。そのうち最

も基本的なのは、ヒト（経営者、管理者、従業員など）、モノ（土地、工場、オフィス、設備、原材料など）、カネ（資本）である。これがなければ、企業経営はありえない。それ以外にも不可欠となる情報、企業文化、時間、技術などがある。これらすべてを一括して「経営資源」と呼ぶ。企業はこれらをうまく組み合わせ、利用して財やサービスを生産して販売する。

「ヒト」といっても、ヒトは実に多様な種類に分類できる。たとえば、現場作業員もいれば、現場作業員を管理監督する監督者と呼ばれる人たちもいる。そのほか、オフィスのデスクワークに従事しているような従業員もいる。また部下を管理監督する立場のマネージャーと呼ばれる人たちもいる。あるいは週に３日しか会社に来ないパートタイマーと呼ばれる人たちもいる。アルバイト学生も、会社にとっては経営資源であるヒト資源の一翼を担う存在である。

「モノ」には工場やオフィスが立地している土地・建物のほか、工場に導入されている機械設備、机やイス、パソコンなどの備品、器具などがあげられる。また製造業では、原材料、半製品、最終製品などももちろん、このモノ資源ということができる。

「カネ」もいろいろに分類できる。自分の会社のカネ（自己資本）の代表格は資本金である。また、会社が発行した株式や、利益準備金も自己資本に含まれる。さらに自分の会社以外から調達したカネ（他人資本）の代表格としては、銀行からの借入や、会社が発行した社債などをあげることができる。買掛金や支払手形も他人資本の一種である。

社長はこれらの多種多様なヒト・モノ・カネを適当に組み合わせながら会社を経営していくこととなる。

### （3）新たな経営資源　－情報、企業文化、技術、時間－

　まずヒト・モノ・カネに加えるべき最も重要な第4の経営資源として、「情報」がある。「組織」が成立し、実際に有効な成果をあげるためには、組織の構成員の間で、共通の目的や目標が確認され、お互いにコミュニケーションがしっかりとれていることが必要である。さらに、企業外部の情報の把握と蓄積も重要である。たとえば、企業の営業活動に当たって、顧客がどのようなニーズを有しているかをつかみ、それを商品開発に活かされなければならない。売れないものをつくっても仕方がないからである。顧客ニーズは、このように「情報」という経営資源の一つである。

　また、地球環境に配慮してつくられた製品のことをエコ製品と呼ぶが、その代表例が再生紙である。なぜ再生紙を使うのか。その回答は、「地球環境に配慮した製品でないと会社のイメージが悪くなり、当社の製品を消費者が買わなくなってきたため」である。こういった世間や市場の動向を見て活動することも会社にとって重要である。情報の戦略的利用の優劣が企業にとって死活問題となっている。

　企業はまた、異なった歴史や環境のなかで、経営を積み重ねており、個性をもっている。その結果、それぞれの企業は、独自の企業文化をもっている。この企業文化も第5の経営資源の1つである。

　第6の経営資源として、認識されつつあるのが技術である。技術とは、機械設備、備品、器具などの形のある技術ではなく、むしろ目に見えない情報技術（IT:Infomation Technology）やナノテク（超微細技術）、あるいはバイオテクノロジーなどの新技術を指している。こういった新技術をいかにタイミングよく自社に取り入れ、役に立つようにしていくかが、企業にとってきわめて重要になってくる。

　第7の経営資源は「時間」である。意思決定を行ない、行動を起こす場合に、タイミングが大切である。遅すぎては意味がないが、逆に機が熟されないのに早まって行動しても、思ったような成果が得られない。その意味で、タイミングや時間は大切である。また、時間的な余裕をどれだけもっているかも成否を決める重要な要素である。時間という要素からみて、コンビニエンスストアは他の業態の店舗が利用してこなかった時間をビジネスに活用して成功した事例である。

　以上のように企業は経営資源の「集積体」であるといえる。この経営資源をどのように集めて利用するかで、特定の製品やサービスが生まれる。また別の資源利用の組みあわせから別の製品やサービスが生まれてくることとなる。

## （4）経営資源の特徴 [8]

　「人的資源」「物的資源」「貨幣的資源」といった経営資源のあり様は実に多様である。「人的資源」は、常用労働経営者や管理者、専門スタッフ（総務、経理など）、管理スタッフ（企画、調査）、臨時有期労働者（アルバイト、パート、派遣労働者）など、さまざまである。また「物的資源」は工場やオフィスの建物、設備、器具だけでなく、車両運搬具、土地、材料、原料、半製品、製品など種々のものがある。

　「貨幣的資源」について、調達面だけからみても、資本金、剰余金などの自己資本と、支払手形、買掛金などの他人資本がある。前述した情報、企業文化、技術、時間についても多種多様である。

　企業の経営戦略に沿って経営資源の獲得、蓄積、配分を行なっていく際には、「人的資源」「物的資源」「貨幣的資源」など経営資源の多様性に配慮しなければならない。

図表 1-2　経営資源の拡大と重点の移行

| 封建時代 | 初期資本主義 | 後期資本主義 | 現在 |
|---|---|---|---|
| 土地 | 土地<br>モノ(原材料、機械)<br>カネ(資本) | 土地<br>ヒト(労働力)<br>モノ(原材料、機械)<br>カネ(資本) | 土地<br>ヒト(労働力)<br>モノ(原材料、機械)<br>カネ(資本)<br>情報<br>企業文化<br>技術<br>時間 |

出所：片岡信之(2015)、p.110

　ここで、注目しておきたい点は、「さまざまな経営資源のうち、どれが重要かは、時代や状況によって変化する」という点である。第2次世界大戦後の日本において求められたのは、「モノ」であった。その後経済が復興し高度経済成長期になると、設備投資のための「カネ」が最重要の資源となった。さらに、高度成長が続くことで生じた労働力不足が、「ヒト」に焦点を当てさせることになった。

　社会の成熟化、経済のサービス化も進み、モノ、カネを中心とした経営資源だけでなく、無形の経営資源が重視されるようになった。そして、情報、企業文化、技術、時間といった要素を経営資源として捉える必要性がでてきたのである。こうして、時代とともに経営資源は範囲を広げて認識されるようになった。

## 7．社会に対する企業の役割

　企業は私たちの生活にとってなくてはならない存在で、私たちの生活に必要な製品を生産・販売し、生活を便利で快適なものにしている。一方で、企業は多くの人々が集まり、組織の共通の目的に向かって共に働く場でもある。しっかりした組織がつくられ、効率的

に組織目標が達成できる仕組みとなっている。人々が集まり活動を始めると、そこに地域社会と同じような1つの社会ができる。

　そこで、企業を単に財やサービスを生み出す主体として見るだけではなく、より全体的・具体的にその役割を考察したい[9]。

### （1）経済的機能

　企業は財やサービスを消費する主体であるとともに、それらの供給主体でもある。社会全体からみると、財やサービスの再生産過程において生産性が上がると、財やサービスが安く供給され、私たちの生活水準が向上することになる。企業はこれら財・サービスを提供している経済主体の1つであり行政や消費者と並ぶ社会構成体の1つとなっている。

　個々の企業の立場からみると、市場競争に勝ち残るために、常に自社の生産性を向上させ、より安い商品を、より早く市場に出さなければならない。企業は市場で売れる製品を開発し、より多くの消費者に買ってもらうよう努力する。

　企業は、消費者の生活をより豊かに、より快適にすることをめざして事業活動を行う。この顧客第一主義の経営は、社会に対する企業の役割を表現したものである。企業の経済的機能とは、社会に必要な財・サービスを経済的に提供することをいう。

### （2）組織的機能

　経営学では企業を単に経済主体としてだけでなく、ある目的に向かって調整された組織としてとらえ、その特徴や仕組みを解明する。

　組織は分業に基づく協業によって成り立っている。分割した課題を達成し、それらの課題を調整するための仕組みやルールを明確に定める。そして、各職務の担当者が効率的に行動できるようにする。

会社で働いている人は組織的行動に慣れており、企業は常に効率的に行動できるようになっている。企業は市場競争において、組織として効率的に動かなければ負けてしまい、存続できなくなってしまうからある。

　企業の組織的機能とは、共通の目的を持つ人々が集まり、効率的に目的を達成することを指している。

### （3）社会的機能

　企業とは、組織であり多くの人々により構成される集合体である。そこには、人々が集まっていることにより様々な人間の社会的関係が生じる。例えば、職場の同僚や先輩との関係においては、仕事上の悩みを聞いてくれる親しい友人ができる。また、転勤や引っ越しに際して送別会を開いてくれる友人ができる。これは単に企業における仕事だけの関係ではなく、苦楽を共にして気持ちの通じ合える関係である。どのような会社で働くかによって、人生での出会いが異なり、その人の人生を大きく変えることもある。確かに、企業での生活はまさにその人の人生であり、生きる活動の場でもある。そして個人の生き方が現れる舞台であり、これを企業の社会的機能と呼んでいる。経営学では、労働を単なる賃金を得るための手段とせず、人間の活動としての労働はいかにあるべきかを追究している。

〔注〕
1) 吉村典久（2017）、pp.34-40。
2) 詳しくは同上書、p.34 参照。
3) 一般的に従業員のことを「社員」と呼んでいるが、これは通俗的な用法である。
4) 勝部伸夫（2018）、pp.60-62。
5) 片岡信之（2015）、pp.70-71。
6) 単元株というのは、株式を 1000 株、100 株などまとめて一単元と呼ぶものを指す。
7) 最高経営責任者
8) 前掲 5)、pp.108-110。
9) 奥林康司（2018）、pp.26-29.

〔参考文献〕
1. 片岡信之（2015）「第 4 章　企業はだれが経営し、動かしているのか」、片岡信之・齋藤毅憲・佐々木恒男・高橋由明・渡辺峻『はじめて学ぶ人のための経営学 Ver.3』文眞堂、pp.63-81。
2. 片岡信之（2015）「第 6 章　企業が利用できる経営資源には、どのようなものがあるのか」、齋藤毅憲・佐々木恒男・高橋由明・渡辺峻『はじめて学ぶ人のための経営学 Ver.3』文眞堂、pp.103-114。
3. 上林憲雄（2018）「第 1 章　会社の経営とはどんなことか」、上林憲雄・奥林康司・團泰雄・関本浩矢・森田雅也・竹林明『経験から学ぶ経営学入門（第2版）』有斐閣、pp.1-24。
4. 奥林康司（2018）「第 2 章　会社はどのようにして社会に役立っているのか」、上林憲雄・奥林康司・團泰雄・関本浩矢・森田雅也・竹林明『経験から学ぶ経営学入門（第 2 版）』有斐閣、pp.25-47。
5. 勝部伸夫（2018）「第 2 章　『株式会社』としての企業」、三戸浩・池内秀己・勝部伸夫『企業論』有斐閣、p.59-104。
6. 市川彰・名取修一編著（1994）『現代経営学要論』、同友館。
7. 日本大学商学部経営学科編（2020）『はじめての経営学』、同文舘出版。
8. 遠藤功（2021）『企業経営の教科書』、日本経済新聞出版。
9. 吉村典久（2017）「第 2 章　企業制度の基本的なしくみ」吉村典久・田中一弘・伊藤博之・稲葉祐之『企業統治』中央経済社、pp.32-46。
10.菊池敏夫・櫻井克彦編著（2021）『新企業統治論』税務経理協会。

# 第2章　コーポレート・ガバナンス

## －企業の経営と統治－

### 1．企業統治と企業観：企業は誰の、何のためのものだったか

　「企業は社会の公器」とは、松下電器産業（現在のパナソニック株式会社）の創業者で経営の神様とも呼ばれた松下幸之助氏の言葉である。企業観とはこのように会社は一体誰のもので、また何のために存在するものなのかという一種の哲学的な問いかけである。先に述べた松下氏の企業哲学の是非も含めて、企業観とは決して画一的で普遍的なものではなく、これまでも時代の流れや企業の発展とともに大きく変化と多様化をしてきた。

　こうした企業観が社会的な問題や関心事となった背景には、19世紀において複数の出資者から大きな資本を集めるために効率的である株式会社が数多く設立され、同時にそうした企業の中から社会的に大きな影響力を与える大企業が数多く誕生したことがある。経営学はそうしためざましい発展を遂げる企業とその行動を研究対象とする学問として誕生し、企業を効率よく適正に運営するための学問として発展してきた経緯がある。その中で企業統治（コーポレート・ガバナンス）とその拠りどころとなるべき企業観は、今日においても経営学における中心的な研究課題の一つである。

　経営学黎明期の古典的企業観においては、企業の目的と使命は財やサービスの生産と提供を通じて利益を得る利潤追求にある[1]。さらに、多種多様な企業の中で最も一般的な株式会社を例に取れば、株式会社は出資者である株主のものであり、その株主の利益のため

に利潤追求すべきものと考えられてきた。このように、会社は株主のものであるという企業観を株主用具観と呼ぶ。ところが 19 世紀後半以降は、①複数の株主が株式を持つ大規模な株式会社が数多く出現し、②創業者とその一族である創業家による持ち株比率は低下し、③株式会社による資本の集中によって個人所有されていた企業は共同所有化に向かい、④専門経営者を置くことで、法学者のバーリとミーンズらのいう「企業の所有と支配の分離」が一般化した。近現代の企業の多くは、経営受託者として大きな権限を持った経営者が支配していると考えられ、実際に企業経営は経営者の能力と倫理観に大きく左右されてきた。さらに経営者支配にある企業では、経営の委託者である株主との間に利益相反が起こりうるというエージェンシー問題が常に存在している。こうした背景から、近現代の企業統治は企業経営全体の監視に加え、経営者による法令違反や株主利益の軽視が起きないように監視することに主眼が置かれていた。

　しかし、近年は株主における機関投資家の割合が高まり、また企業活動の広がりによってステークホルダーの重要性が高まるにつれて企業は社会的制度化（会社制度観：つまり「企業は社会の公器」）しつつある[2]。その結果、これまでの経営者支配などにみられた「企業は誰のものか」という問題に対して、今日では「企業は何のためのものか」という企業統治が問われるようになっている[3]。本章では、企業の形態や目的と使命、企業を取り巻く環境などの変化に着目しながら、今日の企業統治の課題について述べていく。

## ２．企業形態：多様化を続ける企業と組織の諸形態
### （１）企業の分類と諸形態

　企業は継続的に経済活動を行う（ゴーイングコンサーン）組織体と定義される。また、企業はその目的や根拠法、資本の調達方法など

図表 2-1　企業の分類と諸形態

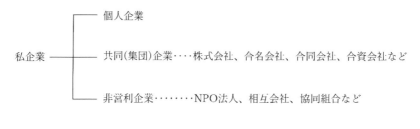

出所：佐久間編著（2016）p.3 図Ⅰ-Ⅰ、および pp.2-3 を元に加筆して筆者作成

によって所有者や企業形態が大きく異なり、さしあたっては企業が私的に所有されるものであるか否かで私企業と公企業（公私合同企業を含む）に大別される（図表 2-1）。

　このうち多数を占める私企業は営利を目的とする営利企業と営利を直接の目的としない非営利企業とに分けられ、さらに営利企業については個人が所有する個人企業と、複数人が共同で所有する共同企業に分類される。このように企業形態は非常に多様であるが、単純に企業数だけで見れば実際は私企業の一つである個人企業が多数を占めている。それに対して、我々が一般的に企業という場合は株式会社のことを指す場合が多いのはなぜなのであろうか。

　株式会社とは、株式を持つ株主（商法上ではこれを社員と呼ぶ）が出資した株式の範囲内で有限責任と利益分配の権利を持つ会社のことである。世界最初の株式会社は江戸時代に出島で商館を持ったことでも知られるオランダ東インド会社といわれており[4]、400 年以上の歴史を持つ伝統的な企業形態といえる。それまでの企業は、今日の農家や商店のように個人によって所有・経営されるものが一般

的であり、経営と家計が未分離である上に、個人が無限責任を負う
ことが問題となっていた。しかし大航海時代以降の中世では、企業
と企業活動の規模が拡大したことで経営の元手となる多額の出資金
が必要となり、より多くの出資者を募ってより効率的に利益分配す
る仕組みが求められるようになった。また、そうした国境を越えた
企業活動のリスクから無限責任では出資者を十分集めることが難し
かった。こうした問題に対して株式を媒介とする株式会社は画期的
な企業形態であり、そうした仕組みが近現代の企業と企業社会、そ
して企業活動が大きく拡大していく要因となったといえる。その一
方で、企業の大規模化と徹底した利益追求のための諸活動は、地域・
環境・労働者・消費者など広範なステークホルダーに対して様々な
社会問題を引き起こしてきた。こうした経緯から、現在では協同組
合や特定非営利活動法人（いわゆる NPO 法人）など非営利の企業形
態をとる企業も多くみられるようになっている。

## （2）企業の大規模化・多角化と企業内組織

　企業の内部に目を向けると、株式会社が規模の経済の論理に従っ
て資本や資源を効率的に集めていくことでより大規模で複雑なもの
となっていき（資本の集中）、それに伴って高度な組織管理が求めら
れるようになった。肥大化していく企業を管理する手法としては一
般にピラミッド型の官僚制（ビューロクラシー）組織が有効かつ効率
的とされ[5]、企業の大規模化に適応するために様々な企業組織の形
態が考えられた。そうした企業内組織の原始型ともいえるものが、
部門別にピラミッド型の組織構造を取るライン組織である。ライン
組織では経営トップの目的と計画に沿って生産部や販売部など職能
別の部門ごとに機能が分担され、各部門はミドル・マネージャー
（部門管理者）によって一元的に統治がなされた。さらに図表 2-2 に

示すように、大きな企業においては各ライン部門に助言や支援をおこなうスタッフ部門を持ったラインアンドスタッフ組織が採用された。このように職能別に部門を置いた上で官僚的に集権的統治をおこなう組織が集権的職能別組織である。しかし、こうした集権的組織は意思決定の経路が長くスピーディーな経営が困難であり、組織や経営の硬直化を招くリスクがあるなどの問題もあることから、大企業にとって必ずしも適した組織形態とはいえない。

　M&A や多角化によって企業が複数の製品の生産・販売や事業展開をおこなうようになると、画一的な生産や販売と集権的な管理が次第に困難となっていった。そうした問題に対応した組織が分権的事業部組織である（図表 2-2）。事業部組織では製品や事業単位で組織を分化させてそれぞれに事業部を置き、企業内で自立した組織とすることで技術の導入や開発、資源の調整が容易となるなどの特徴を持っている。その一方で事業部組織はその独立性の高さから（セクショナリズム）、経営トップや他の事業部との間で対立を招くことが不可避である。さらに、ヒト・モノ・カネ、技術や情報といった経営資源を事業部ごとに所有していることから、資源の共有が困

図表 2-2　代表的な企業組織の形態

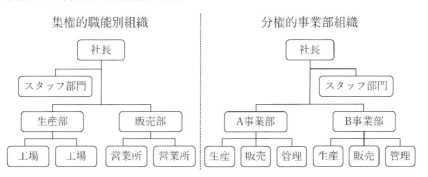

出所：沼上（2003）p.65 図 6 を参考に筆者作成

難となるなど特有の課題を抱えている。

　企業内組織は企業における戦略と統治を具現化し、実行していく上で非常に重要なファクターである。先に説明したように、集権的職能別組織と分権的事業部組織には一長一短があり、それぞれの利点を活かした新たな企業内組織が求められている。その一つが人的資源を職能別に組織して、プロジェクトごとにその調整・配置をおこなうというマトリックス組織である。この他にも近年は従来の組織とコンセプトが全く異なるティール組織が注目されるなど、より最適な企業内組織のあり方の模索が続いている。

## 3．200 年企業：日本の長寿企業と日本的経営の再評価
### （1）日本の長寿企業

　大企業へと成長して多種多様なステークホルダーを持つに至った企業にとっては、中小企業同様に社会環境から影響を受けるだけではなく、広く社会に利益や影響力を与える産業企業体としてそれ自体の永続性（ゴーイングコンサーン）が重要な目的となる。一般に創業 100 年を超えるような長寿企業は「百年企業」と呼ばれるが、それを超える 200 年企業が世界で最も多く存在するといわれる国が日本である[6]。このように非常に多くの長寿企業が存続してきた背景には、「売り手よし・買い手よし・世間よし」の三方よしの理念を重視した商売をおこなってきた近江商人のように（図表 2-3）、ステークホルダーを大切にした企業経営のあり方と理念があったと考えられている。また戦後においては、ジェームス・C・アベグレンが『日本の経営』において日本の企業独自の仕組みや企業経営のあり方を取り上げるなど、そうした日本的経営は経営学の本場であるアメリカでも注目されるなど、国内外で盛んに「日本的経営」が研究されるようになった。

図表 2-3　「三方よし」の概念

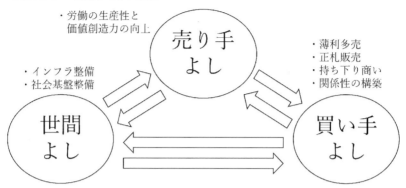

・労働の生産性と
　価値創造力の向上

売り手
よし

・薄利多売
・正札販売
・持ち下り商い
・関係性の構築

・インフラ整備
・社会基盤整備

世間
よし

買い手
よし

出所：佐久間ほか（2016）p.123 図 XV － 3 を元に加筆して筆者作成

## （2）日本的経営の特徴

　日本的経営の最大の特徴は終身雇用・年功序列・企業別労働組合から成る「日本的雇用慣行」に代表される人事システムにあるとされているが、その他にも諸外国の企業には見られない特徴を持っている。特に、短期的な株主利益よりも従業員や顧客満足度、ステークホルダーとの中長期的な関係性の構築による企業の永続性を優先した経営のあり方に特異性があるといえる。

　人事システムを例に具体的に見てみると、以下のとおり独自のシステムを形成してきたことが分かる。

　①諸外国で一般的な企業と「契約」するという考え方のジョブ型雇用に対する、日本的雇用慣行を背景に企業に高いロイヤルティを持って「所属」するという考え方のメンバーシップ型雇用、

　②新卒一括採用によるリクルーティング、

　③職場における実務を中心とした企業内訓練（OJT：On-the-Job-Training）、

　④外資系企業で一般的な年俸制などの業績給に対して、基本給と

定期昇給（いわゆるベア：ベースアップ）を基本とした横並びの賃金体系、

⑤ スペシャリストではなくゼネラリストである総合職を前提としたジョブ・ローテーションなどの仕組みや組織・統治など、独自の人事システムを形成してきた。日本的経営はこうした人事システムに加えて、メインバンク制や株式の持ち合いを通じた企業集団・企業系列などの企業結合様式など。

## （3）日本的経営の課題と再評価

そうした日本的経営の根底には経営家族主義があり、高度経済成長期以降からバブル期にかけての日本経済と日本企業の世界的な躍進の要因が日本人の特性にあるとしたヴォーゲルの『ジャパン・アズ・ナンバーワン』はベストセラーとなった。しかし経営家族主義も決して万能ではなく、バブル期には株主と株主利益の軽視、取締役のチェック機能の形骸化、企業集団の株式の持ち合いによる馴れ合い、官僚制による腐敗と隠ぺい体質、前例踏襲主義による組織・戦略の硬直化などの欠点が噴出し、不良債権問題を発端にバブル経済の崩壊とその後の「失われた20年」と呼ばれる長期的な経済停滞を生む原因ともなった。

そうした企業経営におけるモラルハザードは諸外国でも見られるもので、例えば停滞する日本経済に対して90年代以降に好景気を謳歌していたアメリカにおいても、2001年のエンロン破綻や2008年のリーマン・ショックなどのモラルハザードに起因するコーポレート・ガバナンスの問題が次々と起きた。こうした大企業によるコーポレート・ガバナンス問題が世界規模で頻発する現在、にわかに注目を集めているのが企業倫理（ビジネス・エシックス）とステークホルダーに配慮する日本的経営の再評価である。2024年に新たな

一万円札の肖像となることが決まっている渋沢栄一が『論語と算盤』で企業倫理の重要性を説いたように、21世紀の企業経営においては利益の追求と良心の喚起をどう両立させていくかが問われている。

## 4．CSR：企業の社会的責任
### （1）社会的責任論の概要

　一般の自然人同様に法人格を持つ企業にも社会的な権利と義務が生じる。しかし、株式会社などの企業はその目的と性格からもっぱら株主などの所有者の利益責任を負って企業活動をおこなってきた歴史がある。そうした中で企業の大型化と国際化による社会的な影響力の増大、さらに1970年代以降にかけて深刻な問題となっていた公害問題などを通して、企業にも企業市民としての社会的責任が厳しく問われるようになった。1960年代にアメリカで製造物責任が問われるようになると、顧客や消費者支援団体などのステークホルダー側から企業への積極的な行動とそれに対応しようとする企業側の対応が活発化した。そして1980年代には、経営学においても企業と社会の関係性を考えようとするステークホルダー・アプローチに基づいた研究が盛んにおこなわれるようになった。それらの研究成果は「企業と社会論」として、経営学やビジネススクールにおける重要な学問分野の一つとなっている。さらに1970年代のオイルショックや1980年代の環境問題への関心の高まりなどを契機として、企業はそれまで消極的であったコンプライアンス対応に努めていくとともに、広く社会やステークホルダーに対して企業利益の再分配をおこなう社会的貢献に盛んに取り組むようになった。このような企業の社会的責任（Corporate Social Responsibility）の高まりと、それに起因する一連の企業の活動をCSR活動と呼ぶ。

## （2）CSR としての企業の社会的貢献

　1980 年代から 1990 年代にかけて、CSR として企業が積極的に取り組んだものの一つが社会貢献活動である。特に当時の日本はバブル経済へと向かう好景気の中にあり、日本社会ではまだ寄付文化が十分に根付いていなかったものの企業の社会的責任への関心の高まりを受けて、企業本来の目的である利益の追求には直接結びつかない CSR 活動への取り組みが大企業を中心に増加した。当時は社会貢献活動として教育や芸術・文化、社会福祉の分野を中心に、フィランソロピー（慈善活動）と企業メセナ（芸術・文化支援）に取り組む企業が多くみられた。特にバブル経済を追い風に企業メセナとして美術品の収集と保存に力を入れたり、音楽ホールやギャラリーが建設されたりするなど、大企業中心に当時の日本企業は競って社会貢献活動に力を入れた。その後の平成不況期を経て企業にとって負担の大きい社会貢献活動は減少したが、今日でも人材育成やイベントなどソフト面を中心に、企業による社会貢献活動が積極的におこなわれている。

## （3）CSR とコーポレート・ガバナンス

　1980 年代は世界規模で CSR が議論され、企業の社会的貢献が大きく花開いたという意味でコーポレート・ガバナンスにとって大きな進展があった時代だといえる。その一方で CSR としての企業の社会貢献活動などは、企業のイメージ向上という副産物はあるものの、企業にとっては本業で得た利益を持ち出しておこなう慈善事業に過ぎないともいえる。例えば、事業によって得た利益を株主に配当として還元することを目的とする多くの私企業にとっては、そうした慈善事業はコーポレート・ガバナンス的に問題があるとする考えもあった。伝統的に企業が株主のものだと考えられてきたアメリ

カでは、ノーベル経済学賞を受賞した新自由主義経済学者のフリードマンなどが CSR に否定的な評価を与えるなど議論を呼んだ。

　先にも述べたようにコーポレート・ガバナンスとは、企業の目的を設定した上でその目的からの逸脱を防ぐなど企業経営を管理監督する仕組みを指すが、ここでは CSR とそれに付随する活動が企業の目的に含まれる一方で問題ともなる。CSR を考える上で重要な資料とされてきたキャロルの CSR ピラミッドでは (図表 2-4)、「企業の責任」においては利益を上げるという経済的責任が他のあらゆる企業の責任に優先して基底に存在し、次に法や規範など社会のルールとモラルから逸脱しないという法的責任と倫理的責任、さらにコミュニティへの貢献といった慈善的責任を可能な範囲で負うも

図表 2-4　キャロルの CSR ピラミッド

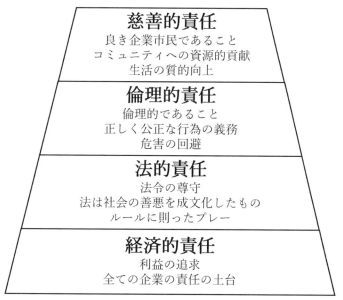

出所：Archie B Carroll (1991) ”The Pyramid of Corporate Social Responsibility: Toward the Moral Management of Organizational Stakeholders” Business Horizons 34 (4) p.42 図 3 を引用して筆者翻訳

のとされている。今日では、企業の社会的責任は「企業の責任」の一つとしてデファクトスタンダード化しており、こうした「企業の責任」の範囲の拡大に伴ってコーポレート・ガバナンスの定義も拡張されてきたといえる。CSR は先にも触れた製造物責任法（PL 法）や、アメリカにおいて機関投資家の受託者責任を定めた ERISA 法、組織の社会的責任に関するガイドラインとして 2010 年に発行した ISO26000 などによって国際規模で一定程度の制度化がなされてきている。しかし、CSR は依然として金融庁に提出される有価証券報告書や株主と投資家向けに財務状況や業績を開示する IR（Investor Relations）においても特段の開示義務などはなく、現状では努力目標のような位置付けにある。つまり、企業にはコーポレート・ガバナンスの一つとして CSR を主体的に捉えることが求められているのであって、企業市民としての良識にもとづいて能動的に CSR 活動に取り組むことが重要である。

## 5．CSV：企業の本業責任としての共有価値の創造
### （1）企業の本業責任とは何か

　消費者側から見れば、企業の社会的責任論の高まりは歓迎すべきことである。それに対して企業は企業の社会的責任をどのようにとらえ、コーポレート・ガバナンスや経営戦略の中に位置付けているのであろうか。田中らは「企業は社会によってその存在が許されている」と定義している[7]。その上で企業の「経済体」としての側面によって生じる経済的責任と、企業の「社会に生きる存在」としての側面から生じる社会的責任から、社会における企業の責任を一種のレゾンデートル（存在意義）として示している（図表 2-5）。

　私企業に代表される企業は、①自らリスクを負って仕入れや商品生産をおこない、②企業活動によって利益を得て、③その利益の一

図表 2-5　「企業の責任」の全体像

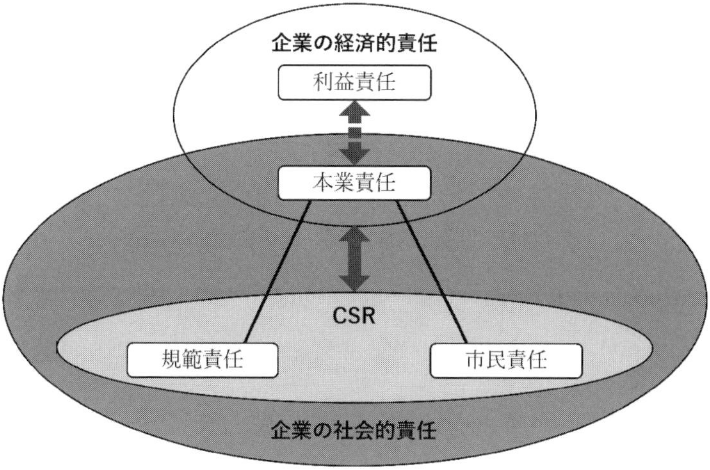

出所：吉村・田中・伊藤・稲葉（2017）p.191 図表 11-1 から引用

部を納税したり、出資者である株主に配当するといった経済活動の
サイクルを継続的に繰り返す組織体であり経済体である。そうした
経済体としての根源的な使命と目的から、企業には自立的に利益を
得るという利益責任が生じている。また、企業の多くは社会的に権
利と義務を与えられた法人格を持つ法人であり、法を守り社会的な
ルールに従うというコンプライアンスとしての責任と、法令による
基準を越えたレベルで道徳や倫理を守るべき責任の2つから成る規
範責任がある。さらに企業市民として前述のとおり、規範責任より
もより積極的な CSR としての社会貢献活動を能動的に企業が果た
していくべきだとする市民責任が存在する。

　CSR は企業の経済的責任の外側に存在し、CSR やそれにもとづ
く諸活動は企業にとっては直接の利益をもたらさない周辺的なもの
に過ぎず、景気の動向や業績次第では本業を優先して後回しとせざ
るをえないケースも多かった。このように、企業の社会的責任やそ

れに付随する CSR 活動などを本業外のものとする従来の位置付け
に対して、本業である経済活動と企業の社会的責任の両立は可能だ
と考え、本業を通じて企業の社会的責任を果たそうとする経営者や
企業が増えてきている。本業責任とは、企業は本業である事業を通
じて社会的有用性を発揮するべきだとする考えにもとづく企業の責
任の一つである。

## （２）競争の戦略論から共創の CSV へ

　1970 年代から 1990 年代にかけて CSR 消極論がたびたび議論さ
れるとともに、本業である事業と企業の社会的責任を両立していく
経営のあり方とは具体的にどのようなものかが模索されてきた。そ
のような事業の一形態として、ポーター・グラマー (2011) らが提
唱した概念が CSV（共有価値の創造：Creating Shared Value）であ
る。ポーターは、1980 年代にベストセラーとなった『競争の戦略』
で知られる戦略論の大家である。後にポジショニング学派と呼ばれ
る彼の戦略論は、産業内での競合他社との競争強度に着目し、差別
化などによって競争を抑制することで持続的に競争優位と企業利益
を得るというものである [8]。ポーターによる競争戦略のエッセンス
の一つであるバリュー・チェーン（価値連鎖）は、事業における主要
活動（購買の物流、製造、出荷の物流、マーケティングと営業、ア
フターサービス）と支援活動（企業インフラ、人的資源管理、R&D：
技術開発、調達）の全ての企業活動において、それぞれマージン（付
加価値としての利益）を追加していくという価値創造の概念である
（図２−６）。バリュー・チェーンの元々の考え方は、企業活動に適
応して利益を得ることを目的としたものであった。こうした競争と
いう排他的な行為から得られる利益、さらにその企業利益に依存す
る社会貢献活動などの従来型の CSR は、ともに持続可能性という

図表 2-6 バリュー・チェーン

| 支援活動 | 企業インフラ | | | | | マージン |
|---|---|---|---|---|---|---|
| | 人的資源管理 | | | | | |
| | 技術開発 | | | | | |
| | 調達 | | | | | |
| 主要活動 | 購買の物流 | 製造 | 出荷の物流 | マーケティングと営業 | アフターサービス | |

出所：M.E. ポーター（1985）p49 図表 2-2、および同（2018）p409 図表
8-3 を元にして筆者作成

点で共通する課題を抱えていたといえる。企業の競争優位と利益追求の代弁者と考えられてきた経営学者のポーターが、企業の社会的責任と多様なステークホルダーとの共有価値の創造を大胆に戦略論に取り入れて提唱した CSV という概念は画期的なものであり、経営学以外の分野でも大きな驚きを持って迎えられた。

　CSV とは、経済的責任を果たして得られる価値と社会的責任を果たして得られる価値は決して相反するものではなく、ステークホルダーが抱える問題や社会的課題を社会的ニーズとして捉え、共通の新たな経済的価値を創造していく活動である。ポーターは具体的に①製品・サービスと市場の見直し、②バリュー・チェーンにおける生産性の再確認、③拠点地域における産業基盤の支援という三つの方法を挙げている。特にポーターは②に関連して、これまでの狭い意味でのステークホルダーに向けられたバリュー・チェーンの活動が社会に与えてきた負の影響を取り除き、社会と企業戦略の双方に役立つものに変えて共有価値を創造していくことの重要性を指摘している[9]。

## （3）社会的企業とソーシャル・イノベーション

　先に述べた CSV の展開は、企業の規模と活動の拡大がもたらし
た社会的影響力やステークホルダーの増大という企業の環境変化に
対する責任と、それへの戦略的対応である。つまり、企業の CSR
や CSV の活動は社会的課題に対する受動的対応だといえるが、近
年は企業が社会的課題との関係にさらに一歩踏み込んだ能動的な事
業としてのソーシャル・ビジネスが注目されている。ソーシャル・
ビジネスは社会的課題の解決を目的としたビジネスのことであり、
ソーシャル・ビジネスとそれをおこなう組織体を総合して社会的企
業（Social Enterprise）と呼ばれている。

　企業の大半を占める私企業の目的は利益の追求にあるが、NPO
法人などの社会的企業はそれらと同じ私企業でありながら、社会的
課題の解決を企業の目的としている点で大きく異なっている。また、
そうした社会的課題に取り組む企業家精神をソーシャル・アントレ
プレナーシップと呼ぶ。そうしたソーシャル・アントレプレナー
シップを持つ様々なプレイヤーが社会的企業を通じて結びつくこと
で、社会的課題解決に向けた新たなコミュニティが形成されている。
それらの協働と連鎖による創発がもたらす持続的な社会変革はソー
シャル・イノベーションと呼ばれて大きな注目を集めている。こう
した社会的企業の存在と活躍は企業の CSR の取り組みを促してい
くにとどまらず、企業のあり方を変革していく可能性を持っている。

## 6．小括：企業は誰の、何のためのものであるべきか

　19 世紀以降の企業の大規模化によって、企業には統治の仕組み
が求められるようになった。大規模化と多角化していく企業におけ
る経営管理の手法として様々な企業内組織が考えられ、また資本の
集中によって専門経営者を雇用するとともに企業の所有と支配の分

離が進んだ。そうした経営者支配にある企業における企業統治の主な課題は経営者などによる不正や、株主利益の追求という企業の経済的責任からの逸脱への監視にあった。しかし、企業規模の拡大と資本の集中によって企業の活動範囲とステークホルダーもまた拡大し、今日では企業市民としての企業の社会的責任とステークホルダーに配慮した経営が求められるようになった。

　本章で説明した CSV や社会的企業などは、地域の多様なステークホルダーとの関係構築と共有価値の創造を本業責任として事業に組み入れる一つのあり方であり、企業統治の変化の一端を示すものである。現状はまだ企業の経営者支配は根強く、また企業の社会的責任が明文化された義務でない以上、経営者の良心と倫理に基づいた自己統治をどのように促していくかが重要となる。さらに、我々消費者を含むステークホルダーが SDGs（持続可能な開発目標）などの観点から「良い企業」を積極的に評価し、「良いビジネス」を共創していくことが求められている。

〔注〕
1)　三戸博「現代企業をみる視点」三戸ほか（2018）pp.4-5
2)　伊藤博之「会社観の多様性」吉村ほか（2017）pp.105-106、pp.112-115
3)　佐久間信夫「株式会社の発展と支配」佐久間ほか（2016）p.23
4)　吉村典久「企業制度の基本的な仕組み」吉村ほか（2017）p.33
5)　池内秀巳「「組織」としての企業」三戸ほか（2018）pp.182-184
6)　井上善博「長寿企業のビジネスモデル」佐久間ほか（2016）pp.120-123
7)　田中一弘「企業の責任」吉村ほか（2017）pp.190-192
8)　岸田民樹「課業と組織デザイン」岸田・田中（2009）pp.221-222、伊藤博之「経営戦略論とよいことの」前掲（2017）pp.175-177
9)　M.E. ポーター（2018）pp.408-411

34

34

〔参考文献〕

1. Archie B Carroll（1991）"The Pyramid of Corporate Social Responsibility: Toward the Moral Management of Organizational Stakeholders"Business Horizons 34（4）

2. M.E. ポーター・M.R. グラマー（2011）「共通価値の戦略：経済的価値と社会的価値を同時実現する」『ハーバード・ビジネス・レビュー』36（6）、ダイヤモンド社

3. M.E. ポーター（DIAMONDハーバード・ビジネス・レビュー編集部訳）（2018）『競争戦略論Ⅰ』ダイヤモンド社

4. M.E. ポーター（土岐坤・服部照夫・中辻万治訳）（1982）『競争の戦略』ダイヤモンド社

5. M.E. ポーター（1985）（土岐坤・中辻萬治・小野寺武夫訳）『競争優位の戦略』ダイヤモンド社

6. エズラ.F.ヴォーゲル（2004）『ジャパン・アズ・ナンバーワン』阪急コミュニケーションズ

7. 岸田民樹・田中政光（2009）『経営学説史』有斐閣

8. 桑田耕太郎・田尾雅夫（2010）『組織論 補訂版』有斐閣

9. 佐久間信夫編著（2016）『よくわかる企業論 第2版』ミネルヴァ書房

10.ジェームス.C.アベグレン（2004）『日本の経営 新訳版』日本経済新聞出版

11.渋沢栄一（2010）『現代語訳 論語と算盤』筑摩書房

12.沼上幹（2003）『組織戦略の考え方：企業経営の健全性のために』筑摩書房

13.松木喬（2019）『SDGs経営』日刊工業新聞

14.三戸浩・池内秀己・勝部伸夫（2018）『企業論 第4版』有斐閣

15.宮島英昭編著（2017）『企業統治と成長戦略』東洋経済新報社

16.吉村典久・田中一弘・伊藤博之・稲葉祐之（2017）『企業統治』中央経済社

## 第3章　経営理念と戦略

### －戦略のマネジメント－

## 1．経営理念

　企業は経済的な目的をもつ組織であり、経営者がその組織を動かしている。企業のなかには何千、何万、何十万人もの従業員を擁する巨大な組織も存在する。それらを組織として統一的に動かすためには、そこで働く人々が統一的に行動するための方針が必要である。

　企業を取り巻く環境は絶えず変化している。その変化に対応し、ときには先取りすることができなければ、企業は存続することができない。経営環境の変化に応じて、企業はその行動を変更しなければならず、変化しなければならないからこそ、根本となる普遍の考え方が必要である。どのような環境になろうとも、揺らいではいけない企業のバックボーン（背骨）となるのが経営理念である。

### （1）経営理念とは何か

　経営理念とは、経営に関する基本的な価値観であり、①企業や事業活動の理念的目的、②経営行動の規範の2つから成る。①は企業が何のために存在し、そこで行われる事業活動が何のために行われるのか、という問いへの答えである。②は経営の意思決定や日常の業務活動を遂行するにあたって尊重し遵守すべき原理原則である。

### （2）経営理念の意義

　経営理念が果たしうる機能として、伊丹・加護野（2003）は以下

の３つを挙げている。

①その経営理念に向かって各人を日々、頑張ろうという気持ち・意欲にさせる「モチベーション」のベースを提供する。②組織内の各人がトップの意思を理解し、細かい指示を出さなくても経営理念に基づく行動ができるようになる。迷ったら経営理念に従うという意味で「判断」の指針を与える。③経営理念が日常の経営活動の末端まで浸透し、従業員だけでなく顧客や取引先にまでこの経営理念を伝えていくという意味で「コミュニケーション」のベースを提供する。同じ理念を共有している人たちの間でコミュニケーションが起きるから、伝えられるメッセージのもつ意味が正確に伝わるのである。

経営理念については、それをいかに浸透させるか、あるいは継承、伝播させるかが重要な課題である。単に概念的な理念にとどまるのではなく、組織に浸透させてこそ現実的意義をもつ。社員の共通の価値観がないと、誤解が生じ、意見が対立し、組織力を発揮できなくなる。社員の行動を共通の目的に向けて調整するのが経営の基本原理であり、そのために経営理念を全従業員に徹底するのも経営の重要な方法である。どのような価値を重視するかは会社によって異なり、それが社風や組織文化を決めているともいえる。

## （3）優れた経営理念の事例　－京セラ－

京セラを創業したとき稲盛和夫氏は、京セラ（当時は京都セラミック工業）を世界一のセラミック工業にしたいという理想に燃えていた。会社は地元の大手企業から安定的な仕事をもらうことができて、比較的順調にスタートした。稲盛氏が理想の実現のため寝食を忘れて働いていたとき、突然、労働組合が結成され、団体交渉を要求された。若い社員にとっては普通の生活をし、将来設計をするという生々しい課題が、目の前にあったのである。稲盛氏は団体交渉で聞

いた若い社員の気持ちを重く受け止めた。

　京セラの経営理念は「全従業員の物心両面の幸福を追求すると同時に、人類、社会の進歩発展に貢献すること」というものである。この理念は創業期の労働争議を経てうまれたものである。稲盛氏は徹夜で団体交渉を行い、社員の物心両面の幸福を追求することを誓ったという[1]。

　稲盛氏の創業期の苦心に見られるように、理想というものは独りよがりになりがちである。それがどんなにすばらしい理想であっても、完成して定着するまでにはいくつもの山を越え、修羅場をくぐり、風雪に耐えなければならない。理念が磨かれて生きた理念となるには、多くの人の共感・共鳴を得ることができ、共有できるものでなければならない。

## ２．経営戦略

　戦略とは、もともとは軍事用語であり、「大局的観点から敵を打ち破るための方策」を意味している。組織の大目標としての経営理念やビジョンの下で、より具体的に「どのような付加価値、優位性を構築するかのシナリオ」を明確にする必要がある。企業経営においては「企業と環境とのかかわり方を将来志向的に示すものであり、企業内の人びとの意思決定の指針となるもの」が経営戦略である[2]。

　戦略を考えていくためには、まずは将来のあるべき姿としての目的を見定め、その企業が置かれている環境の分析が必要になる。ここでいう環境とは、主に製品市場を指す。経営戦略とは、製品市場と企業とのかかわりを示したものである。企業の存続は最終的に、製品市場で魅力ある商品やサービスを顧客に提供できるか否かにかかっている。提供するためには、市場の動向や業界の競争構造に起因する様々な機会（opportunity）や脅威（threat）を見分ける必要が

ある。同時に自社の経営資源（ヒト・モノ・カネ・情報）を洗い出し、その強み（strength）や弱み（weakness）を明確にしなければならない。

　ただし、こうした外部環境（主に製品市場）と内部環境（経営資源）の分析は戦略そのものではない。目的を見定め、外部と内部の環境分析を経て、その目的に向かってどのように歩んでいくのかという道筋をつけることが戦略である。

## （1）経営戦略の階層
### ① 競争戦略（事業戦略）

　経営戦略には、異なる２つのレベルのものがある。１つは、事業レベルの戦略（business strategy）である。事業戦略あるいは競争戦略（competitive strategy）と呼ばれる。これは、個々の事業分野での競争に対応するための戦略である。特定の業界を対象にして、その業界内で競争優位をいかに達成するかに関わる戦略である。競争優位とは、ライバル企業との競争における優位性であり、競争を自社に有利に展開できる状態である。顧客にどのような価値を提供するのか、競争相手と比べいかに違いを出すのか（差別化するのか）、独自の強みを構築するのか、そのために研究開発、生産、販売、アフターサービスといった一連の仕事をいかに遂行していくのか、これらについての長期的な構想である。

### ② 全社戦略

　もう１つは、全社レベルの戦略（corporate strategy）である。企業戦略あるいは全社戦略と呼ばれる。全社戦略では、そもそもどのような製品市場を事業対象とするかが中心的な問題となる。例えば、新事業への進出、事業からの撤退、事業全体の組み合わせ（「事業ポートフォリオ」と呼ばれる。）である。組み合わせの代表的なパターンは、

成熟した事業と成長が見込まれる事業を組み合わせるものである。

　全社戦略は、各事業を動かしていくための経営資源 (ヒトやカネ) の配分、将来のための経営資源の獲得などの長期的な構想である。新しい事業への進出 (撤退) はとくに、多角化戦略と呼ばれる。

### (2) 競争戦略のマネジメント：基本的な考え方

　競争戦略とは、個々の事業分野での競争に勝ち抜いていくための基本構想である。その業界内で競争優位をいかに達成するかが、競争戦略の中心のテーマである。優位性や違いが生まれていることを、差別化ができているという。よって、競争戦略の基本は、競争相手との間に、顧客が価値を認めてくれるような「違い」を作り出していくことである。差別化は、競争相手との違いを顧客が認め、実際に自社の製品を選んで買ってくれてはじめて、完成する。差別化は、顧客にとっての価値あるポイントについての差であることが必要であり、しかも、顧客の実際の選択につながるだけの十分な差でなければならない。そして、差別化のための設計図を描こうとするとき、「顧客を誰と考えるのか」「競争相手は誰だと考えるのか」という二つの基本的な要因について明確な認識が必要となる。それは、「価値の違いの認識」を誰にしてもらうのか、誰との違いを認識してもらうのか、という問題でありきわめて重要である。

#### ① 自社の事業は何なのか

　競争戦略を考えていく上での出発点は、「自社の事業は何なのか」という問題を考えることである。事業の捉え方ひとつで、顧客や競争相手も変わってくるからである。

　たとえば、同じ喫茶店であっても、「おいしいコーヒーを廉価に提供する」のか、「くつろげる時間と空間を提供する」のかによって、

競争上の方針は異なってくる。「そもそも自社は顧客に対しどのような『価値』を提供しているのか」という視点から事業をとらえることが重要になってくる。

　ヤマト運輸は1970年代前半に利益率の低迷を脱するために、個人宅配便事業という新しい事業分野への進出を試みた。ヤマト運輸は、宅配便事業を「ネットワーク事業」として捉え、ネットワーク事業で利益を確保するためには何をすべきかを明らかにし、他社に先駆けて実行したのである。全国規模の集配ネットワークの構築と維持には時間とコストがかかる。ただし、ネットワーク維持コストは、運ぶ荷物が増えたとしても、大きく増加することはない。潜在需要を開拓して売上高を増やすことができれば、ネットワーク構築のための初期投資と運用費用を回収して、利益を計上できるようになる。売上高がさらに増えれば、利益はさらに大きくなる。ヤマト運輸は、ネットワーク事業において潜在需要を開拓していくためにサービスの差別化を追求していった。ヤマト運輸の成功をみて、表面的な模倣だけで個人宅配市場に参入したライバル企業の多くは、宅配事業を「ネットワーク事業」として構築することはできなかった。

　事業定義の難しさは、製品や事業の本質の捉え方の難しさからくるばかりではない。世の中はなだらかに代替関係をもった多くの類似の製品からなりたっているからでもある。たとえば、電子メールの普及によって、ファクスの利用頻度は減少している。電子メールは、文字情報（文書）の伝達という機能（顧客ニーズ）を、専用のファクス機と電話回線を利用するのではなく、PCや携帯電話とインターネット回線を利用するという別のアプローチで満たしている。また、代替関係だけでなく、補完的な関係でも市場はつながっている。たとえば、プリンタにとって、インクやトナーなどの補充品は不可欠な補完品である。補完品も含めて自社の市場と考えるのか、それは

企業側の選択の問題である。

　幅広く展開しうる市場の広がりの中で、自社にとっての市場の範囲をどう選択するか、それはもっとも大切な戦略的選択である。

### コラム：5つの競争要因

　1つの市場での競争構造を分析する際に参考になる枠組みを紹介する。アメリカの経営学者マイケル・ポーター教授による「業界構造を決める5つの力（ファイブ・フォース）」と呼ばれる枠組みである（図表 3-1）。ポーターは、業界の儲かりやすさを計るために、業界の競争状況に影響を与えると考えられる5つの構造的要因－ a.既存の競合企業どうしのポジション争い、b.新規参入者の脅威、c.代替品の脅威、d.顧客の交渉力、e.供給業者の交渉力－を示している。簡単に説明すると、「同業者との競争が激しい上に、新規参入者が

図表 3-1　5つの競争要因

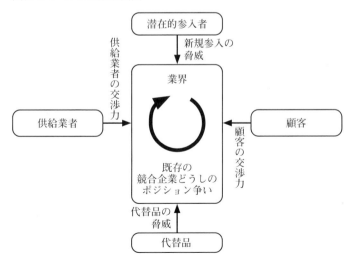

出所：ポーター（1999）p.34 図 1.1 をもとに筆者作成

どんどんはいってくる。なおかつ自社の提供している製品やサービスの代わりになるものはたくさんある。さらに、自社よりも顧客や納入業者の方が立場が強い」、このような傾向が強ければ強いほど、その業界での競争は激しく、利益率は低い業界になるということである。

　これらの５つの競争要因の脅威の原因となる項目についてチェックすることで、自社の事業に影響をおよぼす要因を洗い出すことができる。


　② 誰を顧客とするのか
　自社の事業は何なのかを考えたら、次は、「顧客を誰と考えるのか」について明確な認識をもつことが必要となる。すなわち、自社の顧客は誰なのかという問題である。このターゲット設定を甘くすると、万人向けのように見えて誰も買ってくれない製品を開発してしまったりする。普通は、想定するターゲット顧客はかなり狭く絞る必要がある。

　たとえば、ヤマト運輸が宅急便に乗り出したとき、主要な想定顧客ターゲットのイメージは家庭の主婦であった。潜在需要を喚起するために、ターゲット顧客に気軽に利用してもらえるよう、宅配サービスを「商品」としてパッケージ化することに努めた。パッケージ商品化のために、親しみやすい漢字名称を選び、分かりやすい料金体系を定め、また「翌日配送」という分かりやすい利便性を全面に押し出してアピールした。

　ターゲット設定を狭くすることによって、設計図を決める側が焦点を絞って考えをめぐらすことができる。その狭いターゲット設定での成功が波及効果を生んで、じつに多様な顧客層に結果的に受け入れられていくことはよくある。

　1つの企業にとって、1つの製品市場で対応する顧客には、さまざまなタイプが同時に存在することが普通である。その多様な顧客層にめがけて差別化をはかる設計図を描く際に重要なのは、市場細分化をきちんと行ったうえで、ターゲット顧客の絞り込みを行うことである。「市場細分化」とは、市場を同じようなタイプの顧客グループに分割していくことである。分類されたそれぞれの顧客グループは「市場セグメント」と呼ばれる。

　1つの市場が、まったく同じような行動や選好をもつ買い手から構成されていることはない。広告に敏感に反応する買い手もいるし、価格に敏感に反応する顧客がいるかもしれない。価格よりも品質やデザインを求める顧客がいるかもしれない。所得も年齢層も違い、地域ごとに好みや事情が異なる顧客が存在する。そうしたさまざまな市場のセグメントを細分化したうえで、どこに焦点を絞るのか、あるいは絞らずにあえて全体を狙うのか、その決定のための基礎として市場細分化は非常に重要である。


③ 競争相手を知る

　ターゲットとする顧客を決めたとしても、通常はその顧客を巡って複数の企業と争うことが多い。競争を勝ち抜くためには、「違い」を作るべく競争相手が誰なのか、そしてどのような強みや弱みをもっているのかということを理解したうえで、違いを作っていかなければならない。

　競争相手といって真っ先に思いつくのは、同じ業界に属する企業である。たとえば、トヨタ自動車ならば、日産自動車や本田技研工業といった他の自動車メーカーである。

　しかし、競争相手は既存の業界の中だけにいるわけではない。多くの企業は常に新規参入の機会をうかがっている。また、思わぬ相

手が競争相手になりうることがある。まったく異なる製品であるに
もかかわらず同じような機能を果たす製品が競争の対象となってし
まうケースなどである。たとえば、腕時計にとって、携帯電話は潜
在的な競争相手である。どちらも「時間を示す」という機能を持って
いるからである。

　このように企業は目に見える競争相手だけでなく、隠れた競争相
手に対しても注意をはらっていく必要がある。その上で自社にとっ
て本当に脅威となるような競争相手を見極め、その相手がどのよう
な強みや弱みをもっているかということを理解しておかなければな
らない。このような見極めがあってはじめて競争を優位に展開して
いける「違い」を作り出すことができる。

## （3）競争戦略のマネジメント：3つの基本戦略

　アメリカの経営学者マイケル・ポーター教授は、企業のとるべき
基本戦略として、「①コスト・リーダーシップ戦略、②差別化戦略、
③集中戦略」の三つを挙げ、使い分けるように主張している（図表3
－2）。ポーターによると、いずれの企業の戦略も、基本的にはこ
れら3つの戦略のどれかに含まれるとしている。

　「コスト・リーダーシップ戦略」とは、業界内の広範なターゲット
に対し、他社の製品・サービスよりもコストが低いことを競争優位
の源泉とする戦略である。それに対して「差別化戦略」は、自社の製
品・サービスが他社の製品・サービスとは異なることを消費者に認
識してもらい、その違いを消費者から評価されることを競争優位の
源泉とする戦略のことである。また、「集中戦略」とは、特定のセグ
メントに資源を集中させることでターゲットを絞った狭い範囲の中
で競争優位を獲得していく戦略である。

図表 3-2 競争戦略の基本 3 戦略

| | | 戦略的優位 | |
|---|---|---|---|
| | | 顧客が知覚する<br>ユニークさ | 低コスト |
| 戦略ターゲット | 業界全体 | ②差別化 | ①コスト・<br>リーダーシップ |
| | 特定のセグメントのみ | ③集中 | |

出所：ポーター（1995）p.61 図 2-1

## ① コスト・リーダーシップ戦略

　低コストを実現できる要因のひとつに、規模の経済性がある。規模の経済性とは、製品の生産量が増加すればするほど、製品 1 単位当たりのコストが低減していく現象のことである。業界で最もコスト水準が低い「コスト・リーダー」の地位を占めると、業界内に強力な競争要因があらわれても、平均以上の収益を生むことができる。

　ハンバーガー業界ではマクドナルドが、コスト・リーダーシップ戦略を採用し成長した企業である。マクドナルドは、原料の大量調達、大量生産、大量出店、大量販売を実現することで、規模の経済性を働かせ、製品 1 個あたりのコストを低減させていった。強力な交渉力、グローバルな調達システム、国内メーカーとのコスト低減活動により、原材料費を低減させた。そうして、低い価格設定を行いながら、収益を上げることができたのである。

## ② 差別化戦略

　差別化のポイントはさまざまである。製品の機能、品質、デザインなど製品自体に「違い」をつくることもあれば、配送サービスや保

証、アフターサービスなどサービス面で差をつけることもある。

　また、製品のブランドが差別化の要因になることもある。ルイ・ヴィトン、シャネル、エルメスなどの高級ファッションブランドは、世界的に知名度が高く、その名前だけでも競争力を持つブランドである。「差別化戦略」では、価格以外のポイントで他社との明確な「違い」を作り出せるかどうかが重要になる。

　ハンバーガー業界においてモスバーガーは、製品自体で他社と差別化するとともに、店舗の運営や立地、店舗同士の協力体制やプロモーション活動など製品以外のポイントでも、差別化を図っている。原価率が高くなっても、厳選された高品質な食材を使って、美味しく安心安全なハンバーガーを追求。日本人の嗜好に合わせた和風メニューを断続続的に開発している。多様なニーズに対応するため提供メニュー数は多く、出来たてを提供するため、アフターオーダー方式をとっている。その結果として、競合他社に比べて高い価格設定を行っても、市場から評価を得ることができた。

### ③ 集中（フォーカス）戦略

　「コスト・リーダーシップ戦略」と「差別化戦略」が、幅広いターゲット層を対象とした競争戦略であるのに対し、「集中戦略」とは特定の顧客層（市場セグメント）や特定の地域市場などに集中する戦略である。ごく限られたターゲット層に対してコストあるいは品質で違いを作ろうとするのが集中戦略である。

　ハンバーガー業界では、マクドナルドやモスバーガーなどのチェーン店が画一化されたイメージを持つ中、店舗ごとの個性を尊重するフレッシュネスバーガーは「集中戦略」をとっていると考えられる。メニューは店舗で素材から調理し、手作り感を大切にしている。チェーン展開をする上で不可欠なマニュアル化を最低限に抑え、

スタッフの個性を認めることで、他のチェーン店では味わえない個性的なメニューを提供し差別化を図り、20代から30代の女性を主要な顧客層と想定し、このターゲットに特化している。

## （4）多角化戦略のマネジメント

　一般的に企業は、ある限られた製品・サービスの事業からスタートする。いかに安定成長を追求しても、企業が単一の事業で未来永劫成長しつづけるのは、ほぼ不可能である。企業を成長させるための戦略が必要である。そのため、既存の製品・サービスで既存の市場シェアを拡大したり、既存の製品・サービスの新たな市場を求めて海外展開を図ったり、あるいは既存の市場向けに新たな製品・サービスを開発する。このほか、全く新しい市場に新規の製品・サービスを展開する戦略もある。

　このように、いろいろな事業に進出する戦略を多角化という。複数の事業を運営していくにあたっては、企業の中の事業の組み合わせ（ポートフォリオ）や選択と集中が問題の中心となる。1つの事業範囲での競争戦略とは問題の焦点が異なるのである。

### ① 多角化の目的

　企業の多角化は、さまざまな目的で行われる。既存事業での企業成長に問題が発生しての多角化、企業の内部に資源が蓄積されていってその有効利用のために新分野に進出する多角化、将来性のある事業機会を逃さずに成長していこう、というより積極的な多角化などである。多角化先の新分野で成功できる根拠が存在している場合のみ多角化は成功する。その根拠となる「範囲の経済」と「リスクの分散」について以下で説明する。

a. 範囲の経済

　これは、企業が複数の事業活動を同時に営むことによって、それぞれの事業を単独に行っているときよりも、コストが割安になる、という現象をさしている。範囲の経済が作用している場合、事業範囲を広げるとコスト上のメリットが享受できるため、多角化が成功するというものである。

　範囲の経済が生まれる原因は、未利用資源の活用にあると指摘されている。1つの事業を行うのに必要とされる資源が、その事業だけでは完全利用できないようなものであったり、1つの事業で生み出される経営資源があっても、それを既存事業では利用しつくせなかったり、さまざまな理由で未利用資源が発生する。その利用が新しい事業を割安で手掛ける元手となる。未利用資源の発生パターンとしては、既存事業の生産過程で発生する副産物、既存事業が生み出す技術などの情報的経営資源である。特に、情報的経営資源は「同時共通利用」が可能である。他の事業でも技術は活かせるため、その技術を独立に蓄積しなければならない企業と比べればコスト優位になる。

b. リスク分散

　すべての資源を単一の事業に集中して投入しているとき、当該事業の産業環境が変化していくリスクが企業のリスクそのものになってしまう。それでは成長に問題がでるが、多角化していればリスクを分散できることがある。

　製品や市場には、人間の命と同じように限りがあると考えられている。これを市場のライフサイクルといい、典型的には「導入期」・「成長期」・「成熟期」・「衰退期」という段階をたどる。そのため、ひとつの製品事業のみ手がけていると、産業や市場の衰退とともに

企業も衰退してしまう。複数の事業をもっているときには、その中の1つの事業で危機的な事態が発生したとしても、その影響は和らげられる。

## ② 多角化のメリット

　多角化のメリットとして、よく言われているのが「シナジー効果」である。シナジー効果は相乗効果ともよばれ、同一企業が複数の事業活動を行うことによって、異なる企業が別個に行う場合よりも大きな成果が得られることをいう。比喩的に言えば1 + 1 = 2ではなく、3にも4にもなることを指す。たとえば、鉄道の会社が、多角化の一環としてバス事業にも進出して、駅から路線の住宅地へのバス路線を開設すれば、沿線住民にとって、その鉄道の駅は利用しやすくなる。それまで他の鉄道を利用していた人も吸収して、その鉄道路線の利用者は増えるだろう。さらに、長期的には便利になった鉄道沿線の人口が増えていくので、鉄道もバスも利用者が増えていくはずである。これがシナジー効果である。

## ③ 多角化企業の資源配分：製品ポートフォリオ・マネジメント

　多角化し、複数の事業を営んでいる企業では、限られた経営資源を適切に配分する必要がある。製品系列を整理して、選択と集中を行うための分析ツールとして登場したのが、プロダクト（製品）・ポートフォリオ・マネジメント（PPM）である。2つの経験則

　a) 市場成長率が高ければ成長についていくために金がかかるが、成長率が下がれば金はかからなくなる。

　b) 市場シェアが高いほど、量産効果が効いて生産コストが下がるので、利益が出るようになる。

から、市場成長率と市場シェアの高低で2×2のポートフォリオ・

マトリックスを作れば、キャッシュを生み出す事業と投資が必要な事業（資金の出入り）を区分した上で取捨選択の指針が得られるというものである（図表 3-3）。

　PPM におけるマトリックスの各セルの評価と管理の指針は、次のようになる。

1) 金のなる木：資金需要も低く、高い競争力があり、高い収益を生み出すことができる。ただし、将来の成長性も低いため、得られた資金を他の成長事業への投資に回す。

2) 負け犬：資金需要が低いが、競争力が低く、収益力は低い。将来の成長性により逆転する可能性も低いため、投資を抑えて売上を回収するか、他の企業に売却し得られた資金を他の成長事業への投資に回す。

図表 3-3　製品ポートフォリオ・マトリックス

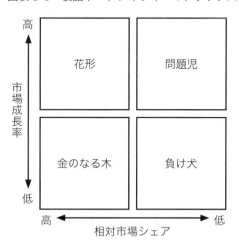

出所：網倉・新宅（2011）p.361 図 11.1 をもとに筆者作成

3) 花形：高い競争力があり、市場が安定化して資金需要が低くなれ
ば将来の金のなる木になる。研究開発により他社に先駆けて事業
を立ち上げ、花形事業とし、シェアを維持するために投資する。

4) 問題児：競争力が低く、そのままでは負け犬に転落する。しかし、
市場は成長しており、この成長分を獲得できればシェアの逆転も
可能である。逆転の可能性が低いものは投資を抑えて売上を回収
するか売却し、可能性が高いものには投資し、花形へと引き上げ
る。

　このPPMの手法は、事業部や製品を選択し、その後の対応を考
える手法としては有効な考え方のひとつである。しかし、事業間の
シナジー効果が考慮されていない、負け犬事業や撤退が決まった問
題児事業での担当者の士気低下といった問題点も指摘されている。
企業は、これらの要素を考慮し、最終的な事業の選択をしなければ
ならない。

〔注〕
1) 新将命 (2020)『経営理念の教科書』、p.103
2) 石井淳蔵・奥村昭博・加護野忠男・野中郁次郎 (1985)『経営戦略論』、
   p.7

〔引用・参考文献〕
1. 新将命 (2020)『経営理念の教科書』日本実業出版社
2. 網倉久永・新宅純二郎 (2011)『経営戦略入門』日本経済新聞出版社
3. 石井淳蔵・奥村昭博・加護野忠男・野中郁次郎 (1985)『経営戦略論』有斐閣
4. 伊丹敬之・加護野忠男 (2003)『ゼミナール 経営学入門 (第 3 版)』日本経済
   新聞出版社
5. 高橋伸夫 (2011)『よくわかる経営管理』ミネルヴァ書房
6. 田中一弘「経営理念提示型」(2014) 宮本又郎・加護野忠男・企業家研究フォー
   ラム編『企業家のすすめ』有斐閣、pp.406-417
7. 山﨑喜代宏 (2019)「競争戦略の基本型 マクドナルドとモスバーガーの
   戦略」東北大学経営学グループ編『ケースに学ぶ経営学 (第 3 版)』有斐閣、
   pp.71-88
8. マイケル .E. ポーター (1995)『(新訂) 競争の戦略』(土岐坤・服部照夫・中
   辻万治訳) ダイヤモンド社
9. マイケル .E. ポーター (1999)『競争戦略論 I』(竹内弘高訳) ダイヤモンド社

## 第4章　生産と製品開発

## －企業による製品やサービスの開発と生産－

## 1．生産

### （1）生産と企業の社会的責任

　生産とは、企業の経営資源である「ヒト」「モノ」「カネ」「情報」、その他を投入し、原材料等に付加価値をつけて、価値の高い製品やサービスを生み出す活動である。企業はこの生産活動により新たな価値を生み出し、それを販売することで売上げと利益を得る。

　一般的に競合企業と同品質の製品を安く販売できれば売上げを大きくできる。また競合企業と同じ価格であってもより高品質な製品を作って販売できれば売上げを大きくできる。

　すなわち、競合企業より優れた生産システムを構築できた企業は競争優位を獲得しているといえる。そのため企業にとって生産は重要な要素である。

　それでは、企業が高品質の製品を安く生産すればよいかというとそれだけでは十分ではない。なぜなら環境に配慮する必要があるからである。日本は高度経済成長期にさまざまな公害が発生したが、それは環境への配慮が不十分だったからであり、公害の発生源とされた企業は後々、巨額の賠償金を支払わなければならなくなった。

　また近年では、地球環境保護が重要視されており、ガソリン自動車の生産や石炭火力発電所による発電が批判されるようになってきている。すなわち企業の社会的責任が問われる時代になり、それに対応できる生産体制が求められるようになってきている。SDGs

(Sustainable Development Goals: 持続可能な開発目標) が叫ばれる今日において企業の社会的責任はますます大きくなっている。

## （2）生産の種類

　生産活動は、生産時期、生産数量、生産方法等により分類することができる[1]。

### ① 生産時期による分類

　生産をいつ行うかによる分類である。顧客から注文を受けて生産を行うのが「受注生産」であり、顧客から注文を受ける前に生産を行うのが「見込生産」である。

　私たち消費者が小売店舗で購入する製品のほとんどは事前に仕入れられて売場に陳列されているので「見込生産」である。「見込生産」の場合には、それが売れなければ不良在庫として残ってしまう危険性がある。他方で「受注生産」の場合は注文を受けた数量だけ生産するので在庫が残る心配はないが、生産が完了するまで顧客が待ってくれるか否かが問題となる。

　「延期・投機の理論」でいうと、「見込生産」は投機であり、「受注生産」は延期である。例えば、昔ながらの寿司屋では顧客の注文を受けてからお寿司を握るため延期であり、スーパーマーケットの総菜売り場で販売されるお寿司は事前にバックヤード等で握られているため投機である。そして回転寿司のお寿司は両者の中間形態だといえる。

### ② 品種と生産数量による分類

　少ない品種の製品を多量に生産するのが「少品種多量生産」で、多くの品種の製品を少量ずつ生産するのが「多品種少量生産」である。

　近年、顧客ニーズの多様化や在庫削減のために「多品種少量生産」が主流となってきているが、規模の経済性を得られにくいというデメリットがある。

③ 生産方法による分類

　顧客からの個別の注文に応じて、その都度１回限りの生産を行うのが「個別生産」で、品種ごとに一定数量をまとめて交互に生産するのが「ロット生産」で、同一製品を繰り返して生産するのが「連続生産」である。

　「連続生産」の場合は、生産ラインの段取り換えが必要ないため効率的に生産できるが、「個別生産」や「ロット生産」の場合は段取り換えを効率的に行う必要がある。

**（3）生産管理**

① 生産要素

　企業が生産を行うためには、Man（ヒト）、Machine（機械設備）、Material（原材料）という３つの生産要素が必要である。この頭文字をとって「生産の３Ｍ」という [2]。

② 生産条件

　生産の３条件は Quality（品質）、Cost（製造原価）、Delivery（納期）であり、この頭文字をとって「QCD」という。QCD は生産活動にとって重要な管理目標である [3]。

　品質の管理には、「設計品質」と「製造品質」の２つがある。「設計品質」とは製品や工程の設計段階において計画された製品の機能をいう。他方で「製造品質」は顧客がその製品を使用したときにあらわれる品質をいう。製品の品質を維持し向上していくためには、この

２つの品質を適切にマネジメントしていかなければならない。

　製造原価の管理には、「要素価格の引き下げ」と「生産性の向上」の２つがある。「要素価格の引き下げ」とは、原材料や機械設備等を一括大量購入により引き下げることである。「生産性の向上」は無理な計画やムダな作業等をなくすことにより生産性を向上させることである。

　納期の管理には、「生産計画」と「生産統制」の２つがある。「生産計画」は顧客への納期に合わせた生産計画を立てることである。「生産統制」は生産開始前の生産準備と、生産を開始した後に計画通り生産が行われているかを確認し必要な対策をとることである。

### （4）生産管理思想の変遷
#### ① テイラーの科学的管理法

　F.テイラーは自分自身も鉄鋼会社で労働しながら生産管理を研究して「科学的管理法」といわれる管理手法を編み出した。テイラーは優れた作業者の動作を要素作業に分解したうえで、１日に必要な標準的な作業量を計算した。これは「作業時間研究」とよばれている。そしてテイラーは作業者が最も合理的であると考える動作とそれから得られる１日の作業量を「課業」と名づけた。

　そして、作業者に設定された「課業」を達成するように「差率出来高賃金」の仕組みを導入した。この「差率出来高賃金」は課業以上の生産量を達成した場合は高い賃金を支払い、逆に課業を達成できなかった場合は低い賃金を支払うという二重の賃金率を適用したものであり、インセンティブにより作業者の労働意欲を高めようとするものであった。ただしこの管理法の基準としたのが優れた作業者であったことから、それ以外の作業者がより高い賃金を得ることが難しいといった問題点があった。

図表 4-1　差率出来高賃金と単純出来高賃金

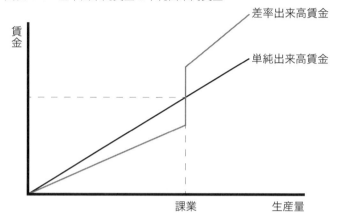

出所：奥林（2021）P.152 を筆者一部修正

② フォード生産システム

　H. フォードは、1903 年にフォード自動車会社を設立して「T 型フォード」とよばれる自動車を開発した。フォードは「T 型フォード」を 10 年間モデルチェンジすることなく、さらに黒一色のみを大量生産することにより、高価格であった自動車を大衆でも購入できるようにした。

　フォード生産システムの特徴は「3 S」とよばれるものであり、Simplification（単純化）、Specialization（専門化）、Standardization（標準化）の 3 つの S の頭文字である。単純化とは、製品の種類や形を限定し、さらに作業者の作業内容も単純化することにより生産工程も単純化して費用を削減することである。専門化とは、作業者の作業内容を特定の作業に特化させることにより作業技術の向上と生産効率を高めることである。標準化とは、製品や部品の規格、作業者の作業方法等を一定の基準に基づいて統一することにより費用の

削減を図ることである。


③ セル生産方式

　フォード生産システムにおいては大量生産体制を構築するために「３Ｓ」を推進したが、これにより作業者の作業が単調なものとなり、労働意欲が削がれる弊害が発生した。そこでより人間的な生産活動を行うために、作業者の創意工夫やチーム単位で作業を行うことが取り入れられた。

　その１つが「セル生産方式」である。セルとは、「細胞」や「小さな部屋」という意味であり、「セル生産方式」は１人もしくは少数の作業者がチームを組んで１つの製品を完成させるものである。この方式は１人の作業者の受け持つ作業範囲が広いところが特徴である。これは「多品種少量生産」に対応できる方式である。


④ トヨタ生産方式

　トヨタ生産方式は、外部環境や市場環境の変化によるバラツキを柔軟に吸収し、ムダのない生産を行うものである。その２本柱は「自働化」と「ジャスト・イン・タイム」である。

　「自働化」とは、通常の加工が終われば、機械が安全に停止し、万が一、品質や設備に異常が発生した場合には機械が自ら異常を検知して止まって、不良品の発生を未然に防ぐことである。これにより１人の作業者が複数の機械や作業工程を担当でき生産性が向上する。１人の作業者が複数の作業工程を担当することから、こうした作業者を多能工という。

　「ジャスト・イン・タイム」とは、「必要なものを、必要なときに、必要なだけ運ぶ」ことである。そのため、どの部品がどれだけ必要かをあらわす道具として「かんばん」とよばれるカードを使っている。

　この方式を成功させるためには部品メーカーとの間にサプライチェーン・マネジメントが構築されている必要がある。

　この方式のデメリットは、部品在庫が少ないので、自然災害や部品工場の火事等により部品が入荷しなくなると、生産を停止しなければならない点にある。

　トヨタ自動車の生産ラインで生産されている車両のなかで、輸出向け車両は全て輸出国が決まっており当該国のインポーターの購入契約が確定している。残りの国内向け車両は販売店 (ディーラー) との間で購入契約が確定している。すなわちトヨタ自動車というメーカーにおける完成車在庫は理論的にゼロであるといえる[4]。

## (5) サプライチェーン・マネジメント
### (Supply Cain Management : SCM)

　顧客ニーズが多様化し、製品ライフサイクル (第7章参照) が短くなると、製品を市場に迅速に供給することが必要になる。日本でSCM は 1990 年代末頃から積極的に導入されるようになった。サプライチェーンは日本語で「供給連鎖」と訳されている。製品が生産されて顧客に届くまでには、さまざまな企業を通じて流れている。そのさまざまな企業を通じて流れている製品をマネジメントするのがSCM である。

図表 4-2　SCM の概念図

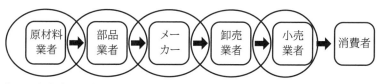

出所：齊藤 (2020) p.23

## ２．製品開発

### （１）新製品開発の費用と期間

　企業は、自社製品に製品ライフサイクル（第7章参照）があること
から、既存の製品だけに頼っていては売上げが減少していく。企業
経営を継続（ゴーイングコンサーン）していくためには、新製品を開
発していかなければならない。しかしながら、新製品を開発するに
は費用も時間がかかるだけでなく、新製品を開発し発売しても売れ
ないことがある。コンビニエンスストアでは、新製品を陳列しても
売れなければ2週間で陳列棚から撤去されてしまうことがある。

　P.コトラーは新製品開発にかかる費用を次のように試算している[5]。

図表4-3　新製品の開発費用

| 開発段階 | アイデア数 | 採用率 | 製品アイデア当たりの費用（ドル） | 総費用（ドル） |
|---|---|---|---|---|
| アイデア・スクリーニング | 64 | 4分の1 | 1,000 | 64,000 |
| コンセプト・テスト | 16 | 2分の1 | 20,000 | 320,000 |
| 製品開発 | 8 | 2分の1 | 200,000 | 1,600,000 |
| テスト・マーケティング | 4 | 2分の1 | 500,000 | 2,000,000 |
| 全国発売 | 2 | 2分の1 | 5,000,000 | 10,000,000 |
| | | 合計 | 5,721,000 | 13,984,000 |

出所：井上（2010）p.336を筆者一部修正

　新製品を発売するには64ものアイデアを必要とし、開発段階が
進んでいくとより多くの費用が必要となることを示している。

　また、アーバンとハウザーは新製品開発に必要な期間を次のよう
に調査している。

図表 4-4　新製品開発に必要な期間

| 開発段階 | 平均期間(月) | 幅(±標準偏差) |
|---|---|---|
| 市場機会の発見 | 5 | 4 ～ 8 |
| 新製品のデザイン | 6 | 2 ～ 15 |
| 製品テスト:<br>プレテスト・マーケット | 3 | 2 ～ 5 |
| 製品テスト:<br>テスト・マーケット | 9 | 6 ～ 12 |
| 市場導入の準備 | 4 | 2 ～ 6 |
| 合計期間 | 27 | 18 ～ 35 |

注：幅(±標準偏差) は約 69％の確率でこの幅のなかの月数が必要であること
　　を示している。
出所：井上 (2010) p.358

　すなわち、新製品を開発するには巨額の費用と長い期間がかかる。これだけの費用と時間をかけて開発した新製品を市場に投入して売れなければ、企業の損失がどれほど大きいか想像に難くない。日本における医薬品の開発期間は平均 9.2 年で開発費用は平均 552 億円だという調査結果もある [6]。

## （2）新製品のタイプ

　新製品には、既存市場にはなかった画期的な新製品だけでなく、既存製品の一部を改良したり、バリエーションを増やすといったタイプの新製品も存在する。このようなタイプは、ライン拡張、マルチブランド、カテゴリー拡張、新ブランドの 4 つに分類できる [7] (図表 4-5)。

### ① ライン拡張

　ライン拡張は、既存市場で一定の売上げをあげているブランド名をそのまま使用して味・色・形・原材料・容器のサイズ等を変更し

て市場に投入するものである。大塚製薬では「カロリーメイト」のブロックタイプにおいて 1983 年に「チーズ味」を発売したが、その後、1984 年に「フルーツ味」、1993 年に「チョコレート味」、2009 年に「メープル味」、2014 年に「プレーン味」を販売した。

## ② カテゴリー拡張

カテゴリー拡張は、既存市場で一定の売上げをあげているブランド名をそのまま使用して、改良した製品を新たなカテゴリーに投入するものである。大塚製薬では 1980 年に「ポカリスエット」を販売したが、体組成が異なる赤ちゃん向けに 1992 年に「ビーンスタークポカリスエット」を販売した。

## ③ マルチブランド

マルチブランドは、既存の製品カテゴリーに新たなブランド名をもつ新製品を投入するものである。大塚製薬では 2006 年に大豆バーの「ソイジョイ」を発売し、2010 年に同じ大豆を原料とした大豆炭酸飲料「SOYSH」を発売した。

## ④ 新ブランド

新ブランドは、新分野の製品カテゴリーに新たなブランド名をもつ新製品を投入するものである。大塚製薬は医薬品メーカーであるが、そこで培った技術を活かして 2005 年に「インナーシグナル」というスキンケア化粧品を発売した。

## （3）新製品開発のプロセス

新製品開発を行うためのプロセスは複数の段階に分かれる。ここでは代表的なプロセスをみていく[8]。

図表4-5　新製品のタイプ

出所：堂野崎（2019b）p.90

① アイデアの創出

　新製品を開発するためには、何らかのアイデア（種：Seeds）が必要である。アイデアの情報源には自社内の研究開発担当者、顧客、流通業者（卸売業・小売業）、原材料供給業者等がある。顧客からの苦情も情報源になることがある。

② スクリーニング

　複数ある新製品のアイデアから、よいアイデアを選び出すことである。図表4-3の通り、開発段階が進めば進むほど開発費用がかさむことから、この段階は非常に重要である。逆にこの段階でよいアイデアを見落としてしまわない工夫が必要である。

③ 製品開発コンセプトの開発

　選び出したアイデアのなかから、よいアイデアを具体的な形として製品コンセプトに落とし込む段階である。「カロリーメイト」でいうと「バランス栄養食」である。

④ 事業性の分析

　新製品を開発し販売した場合に、市場規模や予想売上高、予想利益等を分析して、事業として成り立つか否かを分析する段階である。画期的な新製品の場合には市場規模や売上高を予想することは難しい。そうした場合は隣接する市場の市場規模を参考にしたり、隣接市場に参入することも検討する必要がある。

⑤ 試作品の開発

　試作品を開発して、その機能や効果を検証する段階である。この段階では包装容器についても検討する。近年は CAD (Computer-Aided Design) や３Ｄプリンターを使って試作品をつくることで費用を削減できるようになってきている。

図表 4-6　新製品開発のプロセス

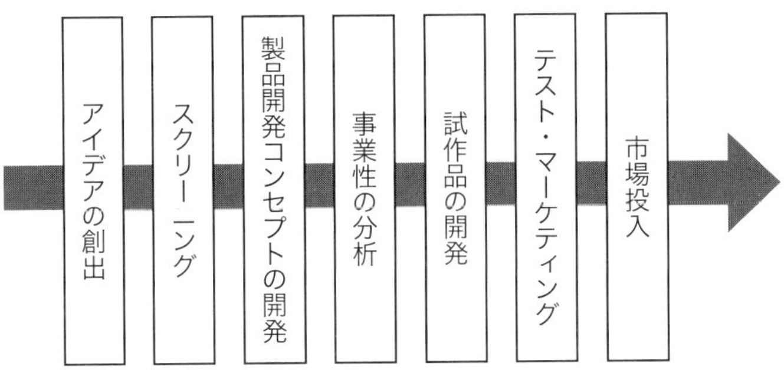

アイデアの創出　→　スクリーニング　→　製品開発コンセプトの開発　→　事業性の分析　→　試作品の開発　→　テスト・マーケティング　→　市場投入

出所：畠山 (2018) p.38

⑥ テスト・マーケティング

　販売地域を限定してテスト販売して、顧客や流通業者の反応を調査する段階である。この段階では Price（価格）や Promotion（プロモーション）や Place（チャネル）について複数のパターンを試してみる。


⑦ 市場投入

　テスト・マーケティングした際の課題を克服して新製品を市場に投入する段階である。ただし、市場に投入して終わりでなく、売上げ状況や顧客の反応をみながら、製品改良や Price や Promotion や Place を再検討していく。

〔注〕
1) 森山 （2018） pp.164-165
2) 森山 （2018） p.170
3) 森山 （2018） pp.170-175
4) 塩地 （2009） p.185
5) 井上 （2010） pp.335-336
6) 八木・大久保 （2010） p.33
7) 堂野崎 （2019） pp.90-91。畠山 （2018） p.37
8) 浦上 （2019） pp.70-71

〔参考文献〕
1. 井上哲浩 (2010)「第13章　新製品開発」池尾恭一・青木幸弘・南　知惠子・井上哲浩『マーケティング』有斐閣、pp.334-360
2. 浦上拓也 (2019)「第3章　製品戦略」西田安慶・城田吉孝編著『マーケティング戦略論 (第2版)』学文社、pp.64-91
3. 奥林康司 (2021)「第7章　会社はどのようにしてモノを造るのか　生産管理」上林憲雄・奥林康司・團　泰雄・開本浩矢・森田雅也・竹林　明『基礎から学ぶ経営学入門 (第2版)』有斐閣、pp.147-170
4. 齊藤　実 (2020)「第1章　物流とは何だろう」齋藤　実・矢野裕児・林　克彦『物流論 (第2版)』中央経済社、pp.10-27
5. 塩地　洋 (2010)「第7章　専売店制の競争優位　－自動車フランチャイズ・システムの存続要因」崔　相鐵・石井淳蔵編著『シリーズ流通体系2　流通チャネルの再編』中央経済社、pp.163-192
6. 堂野崎　衛 (2019)「第6章　製品戦略の基礎」現代マーケティング研究会編『マーケティング論の基礎』同文舘出版、pp.85-101
7. 畠山仁友 (2018)「第3章　製品論」武井　寿・小泉秀昭・広瀬盛一・八ッ橋治郎・畠山仁友編著『現代マーケティング論 (第2版)』実教出版、pp.33-41
8. 八木　崇・大久保昌美 (2010)「医薬品開発の期間と費用」日本製薬工業協会編『JPMA News Letter』No.136、日本製薬工業協会、pp.33-35
9. 森山一郎 (2018)「第6章　生産管理について学ぶ」海野　博・森山一郎・井藤正信『やさしく学べる経営学』創成社、pp.162-183

# 第5章　経営組織

## －経営組織の成立と分権・集権－

　アダム・スミス (Adam Smith) は、『国富論』(The Wealth of Nations) のなかで、分業の原理を説いている。ピン・メーカーの例では、1人が単独でピンを製造するときは、どんなに勤勉に仕事をしても1日に1本をつくるのがせいぜいである。ところが、当時すでに、ピンの製造は18の作業工程に分業されていた。1人目は線を引き、2人目は線を伸ばし、3人目が切断を行い、4人目は尖端をとがらせ、5人目は頭をつける準備をして尖端を磨くのである。このような分業によって、10人で1日48,000本のピンを製造することができた。1日1人当たりの生産高は、4,800本に達したのである。分業によって、個々の職人すべての技能が増進し、また、一つの作業から他の作業へ移る時間が節約される。さらに、労働を促進し、短縮し、1人で多くの仕事ができるような機械の発明・導入があるからである。このように個人の能力の限界を超えるためには、2人以上の人たちが共通の目的のために協働する組織をもつ必要がある。

　分業は、専門化あるいは特化を引き起こすものである。すなわち、共通目的を達成するために必要な課業を、特定の人が反復的に実行することによって、その個人は課業に習熟し専門化あるいは特化していくことになる。

# 1．経営組織の基本概念
## （1）組織の定義

　バーナード（Barnard）は、「組織とは、2人またはそれ以上の人びとの、意識的に調整された諸活動または諸力の体系（system）である」と定義している。さらに、Barnardは「組織というシステムは、人間行動からなるシステムである」と述べている。

　要するに、第1に、組織を構成する要素は、人間そのものではなく、人間が提供する活動や力である。第2に、組織を構成する諸活動・諸力は、体系（system）として互いに相互作用をもつ。第3に、組織を構成する諸活動は、意識的に調整されている。

　そして、「共通の目的、協働への意思、コミュニケーション」を、この中のどれが欠けても組織にはならないという意味で組織成立の3要素と位置づけた。

## （2）組織成立の3要素

　Barnardによれば、すべての組織には次の3つの要素が必要かつ十分な条件となっており、すべての組織にはこの3つの要素が見いだされる。これらの3つの組織要素が結合されることによって組織の生成と存続が可能となるのである。

　① 共通の目的（a common purpose）

　　共通の目的は、協働に不可欠であり、決定や行動の判断基準である。個人の行動の統合をするのがこの共通の目的である。

　② 協働への意思（willingness to cooperate）

　　共通の目的に向けて、組織構成員が進んで行動ないし意思決定することで、個人の努力を目的に結び付けようとする意思である。

③ コミュニケーション（communication）

　共通の目的と協働的意思を結びつける重要な役割を演じるのが
この伝達である。

## （3）部門化

　ファヨール（H. Fayol）は、組織原則の第 1 原則として、分業ない
し専門化の原理をあげている。そして、専門化は、注意と努力を向
ける対象の数を少なくし、従業員や管理者は同一の対象に集中する
ことによって、熟練、確実性と正確性を獲得し、能率を増すことが
できると述べている。分業ないし専門化は、組織の効率を上げる基
礎的な要素の一つである。

　専門化の手法として、製品別、地域別、工程別、顧客別、職能別
などの別け方がある。製品別部門化は主要な製品分野によって部門
化する考え方である。地域別部門化は地理や地域によって部門化し、
工程別部門化はその製造の工程ごとに部門化し、顧客別部門化は顧
客によって部門化し、職能別部門化は行っている職務ごとに部門化
する。

　分業ないし専門化が主に個人レベルの概念であるのに対して、集
団レベルで分業ないし専門化することを部門化という。

## （4）分権と集権

　企業の重要な意思決定の権限が本社のトップ・マネジメントに集
中されているか、あるいは下部の組織単位に重要な意思決定の権限
が配分されているか、意思決定をどの階層に任せるかという問題が
ある。高い層に意思決定の権限を集中することを集権という。反対
に低い層に意思決定を委譲することを分権という。また、権限が一
部に集中している組織のことを集権的組織という。これに対して、

権限が広く分散している組織のことを分権的組織という。

　例えば、次項で学習するライン組織では指揮・命令系統が一本化されており、トップにすべての権限が集中している。ファンクショナル組織も専門的な職能に権限が分散しているが、さらに上位者は各専門職能を集約している。ライン・アンド・スタッフ組織もライン権限の優先という意味で集権的である。

　しかし、組織の規模が大きくなったり、市場や製品の数が増えると分権的組織の必要性が増大する。

## 2．経営組織モデルの形態
### （1）ライン組織 (line organization)

　ライン組織とは、すべての職位が、トップから末端の作業者に至るまで、単一の指揮命令系統によって結ばれている組織形態のモデルである。組織の各構成員はただ１人の長をもち、その長からのみ命令を受ける。そこでは、命令の一元性の原則が守られている。最も古典的な組織の形であり、軍隊組織ともよばれる。しかも、コミュニケーションは助言や助力ではなく、命令として執行箇所に伝達される包括的な決定・命令である。ライン組織は、指揮命令系統が単純であり、責任・権限関係は明瞭である。ファヨール (H. Fayol) は、ライン組織がすべての組織の基本モデルであるとした (図表 5-1)。

　この組織の長所は、単純さ、明快さにある。権限と責任の関係がきわめて明確であり、命令はトップから末端まで迅速に伝わり、組織の規律も守りやすい。しかし、短所としては、組織の規模が大きくなると、組織の階層数が増えてしまう。その結果、下位から上位への情報伝達に時間がかかるようになり、現場ニーズと意思決定との乖離がおこる。また、上位者の責任が非常に重くなり、業務も煩雑になる。

図表 5-1　ライン組織

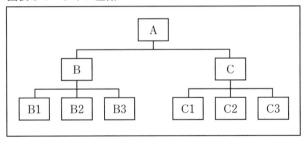

　図表5-1において、B1からC3へ業務連絡しなければならないときに、ライン権限が唯一のコミュニケーションの方法であるならば、B1はBを経てAに上申し、AからCを経てC3に連絡しなければならないので非効率である。またBだけでなくCもB3に対して命令を行う必要が生じた場合は、命令の一元化が崩れ混乱が生じる。

## （2）ライン・アンド・スタッフ組織（line - staff organization）

　ライン・アンド・スタッフ組織は、命令一元化の原則と専門化の原則のふたつを同時に活かす組織形態である。ライン・スタッフ組織は、ライン組織における指揮命令系統の統一性を維持しながら、ファンクショナル組織の専門化の利点を生かそうとしたモデルである。すなわち、包括的な決定・命令権限のライン組織に対して、専門的な知識による助言・助力によってライン活動を援助・促進するスタッフ組織を配置することで、ライン組織とファンクショナル組織を融合し、お互いの短所を補っている。この組織では、スタッフは決定・命令する権限をもたず、その助言や助力の内容はライン組織によって採否が決められる。伝統的組織論においては、スタッフ部門は、ライン部門に対して単に助言とサービスを提供するにすぎないとされている。ところがサイモン（Simon, H. A.）によれば、組

図表 5-2　ライン・アンド・スタッフ組織

織の現実としてスタッフ部門は、ライン部門に対して権限を行使している。すなわち、適切なチェック・エンド・バランスを行う権限をもっている。しかし、決定したり、ラインに対して指揮命令する権限をもっていない。スタッフは、その助言とサービスなどの技術的内容については責任をもっている（図表 5-2）。例えば職場で事故が起こったときは、その職場の監督者（ライン）が事故に対する責任を負うのである。安全課長（スタッフ）は、安全規則の技術的内容に不備や欠陥があったときに、その範囲で責任を負うのである。このようにスタッフの職能的権限とラインの命令権限とを区別することは、組織の現実にも適合しており、組織の合理的設計のためにも必要なことである。

　ラインの命令権限は、違反に対して制裁権を行使できるが、スタッフの職能的権限は制裁権を伴わない。したがってスタッフの権限の行使は、示唆、説得、教育や情報の提供などの方法に、より多く依存している。

　ラインの権限は、自己の下部単位のすべての範囲に及ぶのに対して、スタッフの権限は特定の専門職能の範囲に限定されるかわりに、自己の下部単位だけでなく他の部門にも及ぶのである。

図表 5-3　ファンクショナル組織

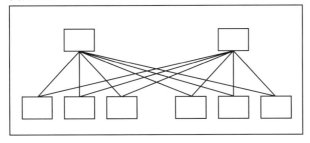

## （3）ファンクショナル組織（functional organization）

　ファンクショナル組織は、専門化の原則に基づく組織形態であり、直属のひとりの上司から命令をうけるのではなく、職能ごとに異なるそれぞれ専門知識と技術をもった上司から指揮命令をうける（図表 5-3）。ライン組織の短所を補うべくテイラー（F.W.Taylor）が考案した職能的職長制度が代表例である。

　長所としては、専門化された上司が、それぞれの見地から適切な判断を下すので、部下は高度な内容の情報や技術をうけとることができる。短所としては、複数の上司の指示にすべて従うことは難しく、また、指示内容に重複や矛盾がある場合もある。


## （4）職能部門制組織（functional organization）

　ライン・アンド・スタッフ組織のなかで、職能部門化されたライン・アンド・スタッフ組織を職能部門制組織という。部門を総括するトップ・マネジメントによって意思決定が行われるので、集権的な特徴を持っている。この形態は、企業が単一の製品、サービスを提供しているなど事業内容が単純な場合に効果を発揮する。

　職能部門制組織は、第一次的に生産・販売などのように、同種の専門的な知識を必要とする仕事ごとに専門別に分化され、それが部門化されている。したがって、専門化の利点がより生かされるかた

74

図表 5-4　職能部門制組織

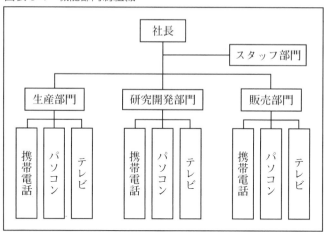

ちで発展したライン・アンド・スタッフ組織のモデルである（図表
5-4）。

　職能部門制組織の特徴は、第1に各職能ごとに専門化されている
ため、専門的な知識や情報の収集および職能的な専門家の養成が容
易である。第2に生産や販売を一括して各々の部門で行うので、機
械設備や人員の集中利用が可能になり、規模の経済性が得られる。
第3に各職能部門間の調整はトップ・マネジメントが行わなければ
ならないので中央集権的な管理が行われる。

　長所としては、業務内容に必要な設備や人員が、部門ごとに集中
して配備されるので、資源が有効に活用され規模の経済性がはから
れる。部門がひとつの職能に専門化しているので、固有の専門的な
知識や技能を高度化することができる。すなわち、スペシャリスト
の育成に有効である。加えて、職能部門別の目標設定が可能である。
短所としては、部門間の調整にコストや時間がかかる。部門ごとに
業務内容が大きく異なるので、水平方向のコミュニケーションが欠
かせない。組織全体の目標に対する各部門の貢献度が計りにくい。
トップ・マネジメントへの依存度が高くなる。

図表 5-5　事業部制組織

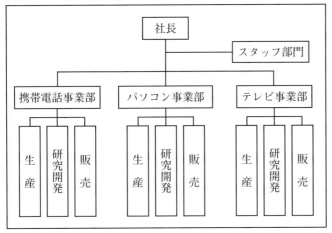

## （5）事業部制組織（divisional organization）

　事業部制組織とは、一次的に製品別、地域別、あるいは市場別に、業績責任単位としての事業部に分化され、これらの事業部が最高管理単位としての中央本部によって全般的に管理されている組織形態のモデルである。したがって、ライン組織を事業部によって編成したライン・アンド・スタッフ組織のモデルといえる。事業部を意味するそれぞれの事業部には、生産、販売、調達など必要な職能がすべて含まれており、戦略実行が可能で、ある意味で自己完結的な単位である。事業部はそれぞれ独自の製品と市場をもっており、事業遂行のための必要な権限を与えられている。トップ・マネジメントが意思決定を行う職能部門別組織と比べて、事業部制組織は分権的な特徴をもっている。通常、利益センターとしての損益責任をもつことで包括的決定権限が与えられている（図表 5-5）。

　例えば、松下電器産業（現在のパナソニック）の事業部制組織は1933 年 5 月に工場群を 3 つの事業部に分け、ラジオ部門を第 1 事業部、ランプ・乾電池部門を第 2 事業部、配線器具・合成樹脂・電

熱器部門を第3事業部とする製品分野別の自主責任体制をとっており、それらは事業本部に統括されている。各事業部は、それぞれ工場と出張所をもち、研究開発から生産販売、収支に至るまで一貫して担当する独立採算の事業体となっている。本社のトップ・マネジメントは、生産・販売の日常的な管理を各事業部に分権化することによって、企業の戦略的決定に専念している。各事業部に対して利益目標を設定し、設備投資や研究開発などを中心に各事業部に対して資源配分を行っている。本社スタッフは、人事、経理、管理、社会業務、広報、技術、資材などの各本部から構成されている。この本社スタッフ部門は、職能別に専門化し、専門的な職能領域において、各事業部に対して助言とサービスを提供している。

　事業部制組織の長所としては、トップ・マネジメントが全社的な見地からの戦略立案に集中することができる。市場変化や顧客ニーズにすばやく対応することができる。部門間の競争により組織が活性化する。

　短所としては、明確な利益責任のもと事業評価が行われるので、事業部が短期的利益を求めたり、部分最適を追求するような傾向に陥る。また、事業部間の競争が過度になると、セクショナリズムや資源の囲い込みがおこる。加えて、設備、人員など経営資源が社内で分散してしまう。そのため、全体のコストは増大する。さらに、製品やサービスの標準化が行いにくい。専門性が高まりにくくなる。

## （6）マトリックス組織（matrix organization）

　マトリックス組織は、職能別組織の要素と事業部制組織の要素を併せ持った組織で、両者の長所を活かすべく設計された組織形態である（図表5-6）。職能による部門化の軸に、製品やサービスによる部門化の軸を組み合わせて配置する。例えば、ある製品を開発する

図表5-6 マトリックス組織

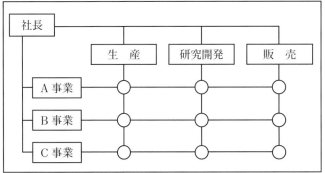

　場合に、職能別組織で対応していた会社において、製品ごとに細かい対応が必要とされる場合には、事業部制の要素も等しく重要となってくる。このような場合には、職能別の責任者とともに、製品別の責任者も置かれることになる。つまり、マトリックス組織は2つの命令系統をもっているということである。

　その長所は、専門性と市場対応の両方の必要性を満たせることである。例えば、最新技術（専門性）を用いた新製品開発（市場対応）といったニーズに対応できる。また、少ない経営資源を複数の部門で共有しあうことで効率的に活用できる。他方、短所は、二重の権限のもとに置かれた部下に混乱が生じやすいことである。縦、横の両方の軸に対して調整を行う必要があるため、会合や文書が多くなる。また、すべてのメンバーが、この組織のシステムをよく理解し、協力関係を築かなければ、混乱あるのみで十分な効用を得ることができない。

## （7）カンパニー制組織（company system organization）

　カンパニー制組織は組織形態としては、事業部制組織とほぼ同一であるが、事業部制組織よりも高い自律性が与えられる。また、事

図表 5-7　カンパニー制組織

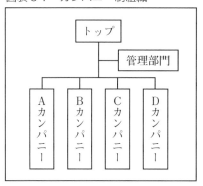

業部間の協力関係や内部振替価格制から除外することができる。他
事業部への協力関係から解放されることで、新規事業の成長を促
進することが求められる（図表 5-7）。例えば、パナソニックでは関
連する事業部を束ねる組織としてカンパニー制組織が設置されてい
る。各カンパニーは高い自律性が与えられているが、カンパニー内
では事業部同士の協力関係が強く求められる組織がつくられてい
る。カンパニーにすることで変化に素早く対応することができる。
　このカンパニー制組織は、自律性を高めることで新規事業の成長
を求める組織形態である。新規事業が一定の収益力を持ち、組織的
な体制が整備された段階で、そのカンパニー制組織は、事業部制組
織への転換が行われるのが一般的である。例えば、ソニーは部分的
にカンパニー制組織を導入していたが、そのカンパニーの成長に対
応して事業部門へ転換されている。こうして企業は全体利益を求め
るのである。

## （8）フラット組織とネットワーク組織
　組織階層を少なくしたフラットな組織では、意思決定のスピード
が速く、市場ニーズに素早く対応することが可能となる。フラット

図表 5-8 フラット組織とネットワーク組織

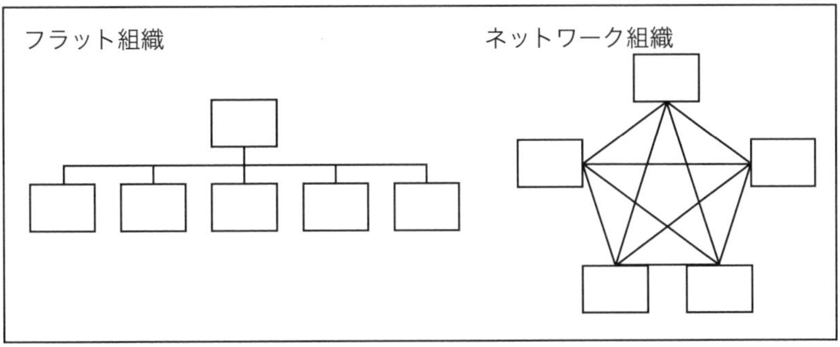

な小組織の部門間の垣根は低く、部門横断的な業務遂行が可能とな
る (図表 5-8)。

　ネットワーク組織は、ネットワーク化した小さな組織が縦、横だ
けでなく、あらゆる方向に自由につながり、網の目状の組織となっ
ている。ネットワーク化した小さな組織の間にヒエラルキー (階層
制) はなく、権限のラインのかわりに情報のラインによってつながっ
ている。情報伝達の迅速化が図られ、市場・顧客ニーズへの対応に
優れている (図表 5-8)。

## 3．経営組織の自律性
　メーヨー (E.Mayo) は、組織を協働システムととらえ、この協働
システムには強いられた協働システムと自発的な協働システムとの
二類型に分けた。そして、人間は自律的な存在であるため、自ずと
環境や様々な人間関係の中で調整を図りながら、組織の目標を互い
に了解し、自発的に協働するようになると述べている。組織の自律
性は、個人の能力や行動によって支えられるものであり、また自律
性は組織構成員の判断や行動に欠かせないものであるため、強制さ
れるのではなく、自発的に参加でき、独自のアイデアを創造し、そ

80

れを実行できる可能性の大きさは、組織の活性化と深く結びついている。つまり Mayo は、組織を自発的な協働システムとして、それまでの強いられた協働システムを超える理論を構築している。

　組織は、Barnard によって「2 人またはそれ以上の人びとの、意識的に調整された諸活動または諸力の体系である」として定義されて以来、各個人の能力の限界のために生じる協働システム（a cooperative system）として位置づけられている。その必然的な帰結として、単なる個人の総和以上の成果を期待することができる。そこでは、物理的要素、生産的要素、個人的要素、社会的要素が複雑に絡み合って協働システムが形成されている。

　Barnard は、こうした多様性による組織間の差異を排除して、なおそこに残るものとして活動システムに着目している。

　これをシステム論的にいえば、異質の動機をもつ複数の個人によってシステムが形成され、それは独自の目的・行動を生み出すのである。しかも協働システムが成立すると、それを存続させようとする力が働くのである。

　また組織内部においては各意思決定者間に、さらに単位組織相互間に、たえず意思決定をめぐるコンフリクトが存在している。それを解決するために、情報を媒介する各管理者の意思決定のための相互依存的なネットワークが形成される。そこには、フィードバック機構があり調整の機能が存在する。すなわち、そこではたえず組織内部における多様性を調整することが要請されることになる。

## 4．組織学習と組織変革
　組織学習の捉え方はいろいろあるが基本的に学習を刺激する反応のシステムと見なすことができる。個人が学習した成果は個人の行動の変化を促し、それがきっかけとなって組織の行動が変化して環

図表 5-9　シングルループ学習とダブルループ学習

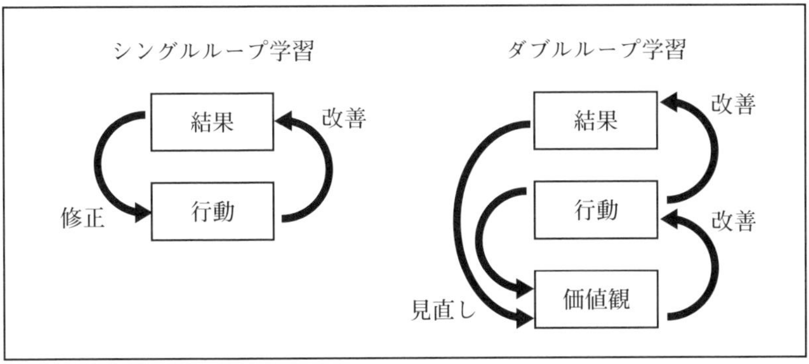

出所：Argyris, C. and D. A. Schone (1978)

境の変化を引き起こし、そうした変化を解釈して、個人の信念がさらに変化するという組織学習のサイクルとして見られている。この見方は、組織学習における個人と組織の相互作用を明らかにしている点に特色があり、個人学習が組織学習に転換することが意図されている。

つまりこれは、組織学習が組織メンバーによる学習プロセスの結果であるという見方である。個人の行為・経験の積み重ねが各メンバーに蓄積され、それが結果として、組織の将来の行動を左右する組織学習要因になると捉えられるのである。

組織学習は、基本的に次の2つのタイプに分けられる。第1はシングルループ学習で、組織メンバーが組織の現行理論の基本的枠組において現在の政策を続け、当面の目標を達成するために、理論の誤りを発見・訂正する学習プロセスである。第2は、ダブルループ学習であり、現行理論の大きな誤りが発見された時に、単に理論の中核を維持するために行われるものではなく、理論の基礎にある諸規範およびそれと関連のある戦略や仮説をもとに再編成して理論枠組を新たなものにしようとする学習プロセスである。したがって、

組織の誤りが基本的な規範、政策、目標の修正によって訂正される時にダブルループ学習が生起するのである（図表5-9）。

　両者の違いは、目標や行動の見直し・改善が、既存の価値観の範囲内で行われるか否かという点である。既存の価値観の範囲内で行われるのがシングルループ学習であり、既存の価値観を打ち破って行われるのがダブルループ学習である。

　シングルループ学習だけでは、今日のような激しい環境変化にさらされている組織が、イノベーションを実現し持続的な成長を成し遂げるのは困難である。組織はシングルループ学習を通して日常業務の効率性を高めると同時に、ダブルループ学習を通して新しい環境に適応できるイノベーション能力を高めていかなければならないのである。

　以上のような見方は、いずれも個人学習をベースに組織学習を展開しようとしており、組織学習そのもののロジックは個人学習の延長として理解されている。

　フーバー（Huber）（1991）は、組織学習の概念を拡張し、「その情報処理を通じて、主体の潜在的な行動の範囲が変化した時、主体が学習した」と定義し、その上で、組織における学習について、次のような4つの学習属性のどれか1つでも変化した時に組織学習が生起したと捉えている。

① 存在：組織内の任意の単位が学習した時
② 広さ：より多くの組織単位が学習した時
③ 精緻さ：多様化した解釈がなされるようになった時
④ 徹底度合：より多くの組織単位が多様な解釈に統一した解釈をなした時

　Huber によるこうした広義の定義づけは、これまで多様に組織学習として扱われてきた領域をすべてカバーしようとするものである。

　組織学習と組織記憶の基盤となるのは組織ルーティンの存在である。組織ルーティンは、それを実行する個人とは独立しており、個人が組織を離れた場合でも組織に残るものである。そしてそれは、組織行動として社会化、教育、模倣、M&A を通じて伝えることが可能であり、集合的記憶としての役割をもつものである。したがって、組織ルーティンは、組織的活動の調整された反復的な集合という性格を有することになる。具体的にいえば、職務記述書のような公式化された職務体系が組織ルーティンに該当する。

　組織は多用な行動を展開する可能性をもっているが、その行動能力は、組織の有するルーティンに依存しているといっても過言ではない。なぜなら、限られた時間のなかでは、組織ルーティンが組織行動の方向性を規定してしまうからである。

　組織ルーティンは、公式化された諸規則・手続ばかりではなく、組織文化や組織知識のかたちを取ることもある。また組織ルーティンには、組織成果の観点からみた合理性に根拠をもつものもあれば、メンバー間で社会的に正当だと考えられている信念に基盤をおくものもある。

## （1）組織学習の内容
### ① 組織学習のレベル

　何を組織学習の内容とするかという観点から見ると、組織学習にはレベルがあることが分かる。それは、個人レベル、集団レベル、組織レベルというように、組織学習を構成する学習主体別の分類であったり、第 1 次学習と第 2 次学習や低次レベルの学習と高次レベルの学習というような学習内容の相違による分類である。しかし、

図表 5-10　組織学習のレベル

|  | 低次レベル | 高次レベル |
|---|---|---|
| 定義 | ・第1次学習<br>・シングルループ学習<br>・知識の獲得<br><br>・習慣形式学習<br>・反応学習<br>・進化学習 | 第2次学習<br>・ダブルループ学習<br>・知識背景の合理性基準とプロセスの理解<br>・発見学習<br>・先取り学習<br>・デザイン学習 |
| 特徴 | ・反復して起こる<br><br>・ルーティン<br>・タスク、ルール、構造のコントロール<br>・よく理解されたコンテクスト<br>・組織のすべてのレベルで起こる | ・ヒューリスティック、洞察によって起こる<br>・非ルーティン<br>・コントロール欠如対策として分権化構造の促進<br>・あいまいなコンテクスト<br>・主として上位レベルで起こる |
| 結果 | ・行為の変化 | ・認知の変化 |
| 例 | ・規則の制度化<br>・マネジメント・システムの改良<br>・問題解決技法の改善 | ・戦略意図を含んだ新しいミッション<br>・新しいマネジメント・システムの構築<br>・問題設定技法の獲得 |

出所：Yeung, Ulrich, Nason & Von Glinow（1999）

学習レベルを前提として考えた場合に注意すべき問題は、組織学習のレベルが異なれば、学習メカニズムも異なるという点である。すなわち、低次レベルで有効な学習メカニズムが、高次レベルの学習でも有効とは限らないのである。

　一般的に、低次レベルの学習には、単なる行為の繰り返しや部分的修正、すなわち、シングルループ学習が含まれ、高次レベルの学習には、組織全体に影響を与える学習やダブルループ学習、規範や認知枠組の変化などが含まれると見なされている。

　組織学習のレベルは、低次レベルのルーティン学習、中位レベルの再構築学習、より高次レベルにおける学習のための学習に区分することが可能である（図表5-10）。

② 組織学習のプロセス

　学習プロセスは、個人レベルで獲得した知識や技能を組織メンバーが共有していくプロセスである。そして学習結果は、組織メンバーに共有されたメンタル・モデルとして定着していくのである。

　組織学習は試行錯誤のような直接的経験に基づくものと、模倣のような他組織の経験に基づく間接的なものがある。また組織学習は、組織の物語、シンボル、行動規範等を通じて行われることもあり、組織文化の形成・維持プロセスと連動するプロセスと見ることもできる。しかし、組織は、一定レベルの能力獲得という学習の結果、より優れたものを探求しようとする動機づけが失われるという「有能さのワナ」に陥ってしまい、現在の成功が将来の失敗の始まりになる危険性がある。したがって、こうした組織学習に伴う問題をいかに回避するかが組織の存続にとってきわめて重要になる。

**（2）学習する組織**

　センゲ（Senge）（1990）は、学習する組織を「人々がたえず、自分が本当に望む成果を生み出していく能力を拡大していく場であり、開放的な新しい思考パターンが生まれ、集団としての野心が解放され、人々が共に学ぶやり方をたえず身につけていく場」と定義している。

　組織の学習障害に着目して、それを克服できる「組織の学習能力を高めることができる学習する組織」という実践的なモデルを提唱した。Sengeによれば、学習する組織は競争優位性の源泉として、

86

図表 5-11　学習する組織の 5 つの法則

| レベル | 法則 | 内容 |
|---|---|---|
| 個人レベル | 自己マスタリー | ・組織メンバー個人に求められる精神的な土台<br>・自分が進むべき道は何か等の目的意識の明確化 |
| | メンタルモデル | ・固定観念や世界観、物の見方<br>・自分の行動を進んで抑制する意識からの脱却 |
| チーム・レベル | 共有ビジョン | ・組織として目指すべき将来像で、メンバー同士が進んで共有するもの |
| | チーム学習 | ・チーム内での対話の仕方や共同思考の方法の学習 |
| 組織レベル | システム思考 | ・自分もその世界の一部と捉えながら、より全体的、俯瞰的な視点でシステムを捉えること |

出所：Senge（1990）

積極的な創造学習と受動的な適応学習の 2 つの能力を持っている。

　学習する組織には 5 つの法則が求められている。この 5 つの法則は、個人、チーム、組織の 3 つのレベルのどれか 1 つでも欠けたら立っていられない椅子と説明されている（図表 5-11）。学習する組織をつくるには、(1) システム思考を採用すること、(2) 人生の達人になるよう激励すること、(3) メンタル・モデルを表面化させ挑戦すること、(4) ビジョンの共有化を構築すること、(5) チーム学習を促進すること、などの 5 箇条のディシプリン（学習し修得するべき理論及び技術の総体）による実践的な示唆を与えている。

　このなかで Senge が特に重要だと考えているのはシステム思考である。すべてのディシプリンを統合し、ひとつの一貫した理論と実践に融合するディシプリンだからである。Senge にとって現実を創造しているのは組織メンバーであり、彼らがいかにその現実を変えていくかを絶えず発見していく場が学習する組織なのである。

〔引用・参考文献〕
1. Argyris, C. and D. A. Schone (1978) *Organizational Learning: A Theory of Action Perspective*, Addison-Wesley
2. Barnard, C. I. (1938) *The Functions of the Executive*, Harvard University Press. (山本安次郎・田杉競・飯野春樹訳 (1968)『経営者の役割』ダイヤモンド社)
3. Burns, J. M. (1978) *Leadership*, Harper & Row
4. Deci, E. L. (1972) The Effects of Contingent and Noncontingent Reward and Controls on Intrinsic Motivaton, *Organizational Behavior and Human Performance*, 8
5. Herzberg, F., B. Mausner and B. B. Snyderman (1959) *The Motivation to Work*, John Wiley & Sons
6. Huber, G. P. (1991) Organizational learning. *Organization Science*, 2：88-115
7. G. E. Mayo, The Human Problems of an Industrial Civilization, Second Edition, 1946. (桜井新行訳 (1971)『新版・人間関係と経営者』経林書房)
8. Knight. K, *Matrix Management: A Cross-functional Approach to Organization*, 1977
9. Kotter, J. P. (1979) *The General Managers*, The Free Press. (金井壽宏他訳 (1984)『ゼネラル・マネジャー』ダイヤモンド社)
10. Mintzberg, H. (1973) *The Nature of Managerial Work*, Harper & Row
11. Senge, P. M. (1990) *The Fifth Dicipline: The Art and Practice of Learning Organization*. New York：Doubleday. (守部信之訳 (1995)『最強組織の法則』徳間書店)
12. Simon H. A. (1947) , *Administrative Behavior*: A Study of Decision-Making Process in Administrative Organization. (松田武彦・高柳暁・二村敏子訳 (1965)『経営行動』ダイヤモンド社)
13. Yeung, A. K., Ulrich, D. O., Nason, S. W., & Von Glinow, M. A. (1999) *Organizational Learning Capability*, London：Oxford University Press
14. 安藤史絵ほか編 (2020)『経営組織』中央経済社
15. 今井一孝 (1989)『現代の経営組織』中央経済社
16. 片岡信之ほか (2019)『はじめて学ぶ人のための経営学』文眞堂
17. 金井壽宏 (1999)『経営組織』日経文庫

18.上林憲雄ほか (2018)『経験から学ぶ経営学入門』有斐閣
19.上林憲雄・庭本桂子編 (2020)『経営組織入門』文眞堂
20.桑田耕太郎・田尾雅夫 (1998)『組織論』有斐閣
21.佐久間信夫・小原久美子ほか編 (2017)『現代経営組織要論』創成社
22.鈴木竜太 (2018)『経営組織論』東洋経済新報社
23.高尾義明 (2019)『はじめての経営組織論』有斐閣
24.高木俊雄・四本雅人編 (2019)『マクロ組織論』学文社
25.高松和幸 (2020)『経営組織論の展開』創成社
26.竹内倫和・福原康司編 (2019)『ミクロ組織論』学文社
27.中野勉編 (2021)『グラフィック経営組織論』新世社
28.槇谷正人 (2018)『ビギナーズ経営組織論』中央経済社
29.森本三男 (2001)『現代経営組織論』学文社

## 第6章　人的資源管理

## －人事管理と人事制度－

## １．人的資源管理とは
## （１）経営資源としてのヒト

　企業経営にとって欠かせない経営資源がいわゆるヒト・モノ・カネであり、近年ではさらに情報や知識も付け加えられることがある。本章では、その情報を処理し知識を創造する源であり、モノをつくり、カネを稼ぎ使うヒトの管理について考える。

　人的資源管理という日本語は、はじめて聞く人には語感として大きな違和感があるだろう。これは、Human Resource Management の訳語である。ヒトをコスト（費用）と考えるのか、付加価値の源泉と考えるのかという視点の変化が人的資源という言葉には関係している。たとえば、工場などでモノを作り出していく際や何らかのサービスを提供する企業にとって、そのモノやサービスを生み出す過程には、生産設備の購入費用や電気代、材料・部品代などさまざまなコストがかかる。経営を効率的におこない、より高い売上高を目指し、よりコストを低く抑えることができれば当然のことながら多くの利益を得ることができる。この利益の最大化を目指す際に人を単なる作業者として考え、人件費としてコストとみなすのか、無限の可能性を潜在的にもっている付加価値の源泉としての重要な経営資源とみなすのかという価値観の変化を人的資源という言葉は表現しているとも言われている[1]。

　すなわち、ヒトをコストとしてみなすことから資産とみなすこと

への変化のあらわれが人的資源という表現なのである。

## （2）人的資源管理の対象・担い手・領域

　人的資源管理は、ヒトすなわち人間を対象としているため、モノを対象とする生産管理、カネを対象とする財務管理とは異なり、対象が生きており、感情を有している。したがって、企業における他の管理活動とは大きく異なる特質をもっているといえる。このように感情のある従業員を、企業や組織の目的達成に向けてやる気を喚起しながら管理するのが人的資源管理なのである。

　人的資源管理の担い手は、企業において人事部と呼ばれる部署が中心的である。しかし、人事部だけが従業員である人的資源を管理しているわけではない。大きな視点からは企業のトップや取締役会の経営方針や人事方針に従い人的資源管理はなされるし、人事制度が構築される。また一方で日常的に従業員が勤務するにあたり、その指示命令系統は職場の上司との関係においてなされる。部や課、係などの職場組織の上司は部下の仕事について責任を有し、指示を出し、指導したり、育成したりする。そして、上司はその企業の人事制度に即して部下を評価する。また上司はそのまた上司によって評価されている。部下はその評価にもとづいた処遇を受ける。このような連鎖の中で人的資源管理は担われているといえる。

　この複雑なシステムとしての人的資源管理を理解するために、この章では、人的資源管理のうち特に企業の人事管理における制度や役割といった実務的な側面について中心的に概観する。

## ２．雇用管理

　大学等を卒業すると多くの人は企業等へ就職する。これを企業側から考えると人材を採用するということになる。この採用からはじ

まり、営業や経理などの職務を担当する部署への配置がなされ、その後何年かすると他の部署へ異動し、仕事の成果や能力に応じて係長や部長などへ昇進する。そして、長年勤務の後に定年を迎えて退職する。この一連の雇用に関する人事が雇用管理である。

## （1）採用

　採用には大きく分けると2種類ある。大学等を卒業してすぐに企業へ就職する人である新規学卒者を対象とした、いわゆる新卒採用と、すでに何らかの組織に勤務し、即戦力としてその専門性や経験などを買われ転職する人の中途採用である。

　新卒採用においてもその募集段階において、あらかじめ開発、設計、営業、経理、人事などの入社後の職種を明示する職種別採用が実施されるようになった。大企業においては、多岐にわたる事業分野や商品分野を抱えるため、その事業部門別に採用する部門別採用なども増えている。これまでの日本企業は、入社前の段階でどのような職種や部門へ配属するのか明示しないことが多く、入社後の研修などを経てその適性を見極め、配属していた。しかし、近年のウォーフォータレントと呼ばれる人材争奪競争の熾烈な状況において、応募者の動機の高まるような施策として職種別採用や部門別採用が実施されている。

　選考の前には、インターンシップが実施されて学生は職業体験をして希望する職種を見極めたり、企業の風土との相性を確認したりする機会が増えている。

　選考においては、基礎学力検査なども実施されるが、面接が重視されることも特徴である。そこでは、志望動機とともに「学生時代に一番力を入れた取り組み」について話をすることが定番化されている。近年ではコロナ禍の影響や地方に住む学生のためにオンライ

ン面接も増加している。中途採用の場合は、それまでの所属組織での開発実績や販売実績、保有スキルなど即戦力としての実務能力が問われる。

　新卒で採用された学生の場合は、即戦力ではないため職場で活躍できるようになるまで長期の育成期間を必要とする。一方で、社風に馴染んだ生え抜き社員として忠誠心の高い人材を育成できる部分もあった。しかし、終身雇用制度も終焉した日本企業の実情において企業は人材育成に時間をかける余裕が少なくなり、中途採用によって育成の時間と費用を削減しようとする傾向が強まっている。

### （2）異動

　新卒採用で採用された人材が最初に所属する部署へ配属されることを初任配置という。この初任配置された部署に退職まで一貫して勤務し続けることはほとんど無いといえる。ほかの職種へと配属が変わることや、同じ職種であっても異なる地域の支店などに勤務地が変わることを人事異動という。たとえば、初任配置が本社法人営業部門であったものが、3年後大阪支店法人営業部門に異動するというようなことであれば、同じ職種で勤務地が変わることを指す。また、初任配置が本社法人営業部門であったものが、3年後には適性などから本社経理部門へ異動することもあるだろう。これは、職種をこえた異動ということになる。もちろん、勤務地も職種も変わるという異動も存在する。

　特に、日本企業の場合は机上の計画・戦略ではなく、現場主義と呼ばれる現場の現実を重視するという風土が根強い。たとえば、大卒新入社員が工場での製品組み立て作業を続けることは現実的ではないが、研修においてはそれを体験する長期のプログラムがあったり、初任配置の数年間を現場で勤務したりということもある。他に

も企業内のさまざまな部署について職種をこえて3年ほどで異動し、異なる職種の現場体験を増やすことで幅の広い仕事経験を重視する計画的な人事異動をジョブ・ローテーションという。これによりいわゆる分野に特化した専門性の高いスペシャリストではなく、汎用性と視野の広いゼネラリストを育成してきたというのが日本企業の異動の特性であった。欧米のようにスペシャリストを重視してきた考え方とは大きく異なる。

　しかし、このゼネラリスト育成を目的としたジョブ・ローテーションも8章で議論されているようなデジタル経営の時代においてはより高度な専門性が重視されており、製造現場などが日本国内から中国や東南アジアに安い人件費を求めてシフトしているという現実を目の前に、日本国内でのさらなる高付加価値の仕事が求められる時代においては適切な考えであるのか見直す必要が出てきている。

　また、仕事の難易度として同じレベルの仕事を勤務地や職種が変更になる異動をここまでみてきたが、レベルが上がる仕事に従事する際には昇進が伴う。

## （3）昇進・昇格と職能資格制度

　昇進と昇格は似た言葉であるため、同じ意味で用いられたり混同されていたりする。

　組織における職務上の役職として組織単位でその責任者が存在する。いわゆる係長や課長、部長といった役職への呼称のことであり、経理部の責任者たる経理部長という具合である。この役職が上位に進むことを昇進と呼ぶ。こちらの方が一般的にわかりやすい。

　一方で、昇格は役職とは別の企業内における階層構造の中で上位に進むことを指している。その階層とは企業内において従業員の業務遂行能力について評価する職能資格等級とよばれる格付けによる

等級で構成されている。一般に昇進よりも昇格が先であり、従業員はその職務遂行能力から評価され格付けられた職能資格等級に応じた役職に任命される。たとえば、図表 6-1 のような職能資格制度上の等級が B1 から A2 に昇格した際に、あわせて一般従業員であったものから係長に昇進するということである。

　この時に注意が必要なのは、昇格はしても昇進はしないというケースが発生することである。すなわち B1 から A2 に昇格して自らの職務遂行能力が高くなっていることを評価され、賃金などもその昇格にあわせて上昇するが、そのときに都合よく係長のポストが空くとは限らない。前任の係長が昇格していなかったり、勤務地の異なる支店においても同じ係長ポストが空いていなかったりという事態もありうるからである。昇進だけの人事制度であると上位ポストが空かない限り自らの努力は報われないが、この職能資格等級を導入した昇格制度があれば、昇進するポストがなくとも昇格することができ、モチベーションを維持できるという仕組みなのである。この職能資格等級による従業員の能力評価における格付け制度を職能資格制度と呼び、わが国の人事管理における大きな特徴となっている。

　この制度には、能力はあるがポストが無いという従業員も大切にできるというメリットがある。産労総合研究所の 2020 年実施の調査によれば約 7 割の日本企業で職能資格制度が導入されている。

　長期間の雇用を前提にゼネラリスト育成をすることにこの職能資格制度は向いていると言われ、かつての日本企業が世界で強かったことの根幹を支える一つの人事制度とされていた。また、ゼネラリストになるには相応の経験を必要とするため必然的に年齢や勤務年数に応じて処遇される年功主義的人事を行っていた。しかし、近年の生産現場の海外移転や、デジタル化による付加価値の変化などに

図表6-1　職能資格制度例

| 職能資格呼称 | 等級 | 定義 | 対応職階 |
|---|---|---|---|
| 参事 | S1 | 高度経営意思決定 | 部長 |
| 副参事 | S2 | 所管組織意思決定 | 課長 |
| 主事 | A1 | 管理、企画 | 課長代理 |
| 副主事 | A2 | 監督、企画 | 係長 |
| 主任 | B1 | 指導、判断 | |
| | G1 | 定型、判断 | |
| | G2 | 複雑定型 | |
| | G3 | 単純定型 | |

出所：筆者作成

　より専門性の高い仕事こそが求められている。つまり、ゼネラリストよりもスペシャリストが必要な時代において職能資格制度という人事制度の根幹についても多くの企業で見直しの議論がなされているのである。

　職能資格制度は、職業能力という従業員の属性や能力についての評価にもとづいた制度であった。この職業能力ではなく、その企業に存在している仕事や役割の方に等級をつけるジョブ・グレードという制度を導入する企業も増えてきている。これは、人の能力から仕事の難易度に賃金配分の根拠を移すことを意味する。職能資格制度では、部長相当の職能資格等級であるが役職として部長ではない人が、役職が実際に部長の人と変わらない賃金になることがあった。しかし、ジョブ・グレードではそういった実際の仕事と関係の無い能力に賃金を支払うことはないのである。このジョブ・グレードに移行するためには、まずその企業に存在している仕事や役割について詳細に分析して職務記述書を作成することが必要となる。そして、その職務（ジョブ）の責任の重さやその企業の利益や企業理念の実現

に対する貢献の度合いを明確に序列化して運用することになる。この方法は、仕事と賃金などの報酬が明確に結びつくため、いわゆる成果主義的な人事を実現できるのである。

### （4）退職

　企業を去るときには本人が希望して退職するのか、自動的にその時が来るのか、強制的に解雇されるのかという3種類がある。

　現在所属している企業よりも賃金の高い企業や、高い業績を上げていて将来性に不安の少ない企業、今よりも自分に権限を与えてくれる企業などが見つかれば、転職するという人も多い。こういった自分の都合で退職することを自己都合退職と呼ぶ。職業選択の自由は憲法22条に規定されており、公共の福祉に反しない限り好きな仕事を生業としてよい。

　早期退職優遇制度も自ら手を挙げて企業を退職するものである。半ば強制的に感じる手法によって退職させられている人もいるかもしれないが、日本企業は法的な拘束によって安易な指名解雇を実施することができない。しかし、巨額の赤字を計上し、あわせて技術の大きな転換期などが重なれば余剰人員が生まれることはある。アナログ技術からデジタル技術への転換や生産現場の海外移転などによって日本国内から雇用の場が失われてしまうことは、国際的な競争の都合上ありうる。もちろん、安易に人員削減という固定費削減に頼った経営をして従業員が企業に対して不信感をもったりすることは経営にとってマイナスであるし、そういった企業に継続性はない。それでも、どうしても人員削減が必要な際に早期退職優遇制度は実施される。指定された期間内に自らこの制度に応募して退職する従業員には、退職後の次の職場の斡旋・紹介などもしつつ、退職金に大幅な加算金をつけるという優遇制度である。これにより、自

ら退職を選択する人が出てくる仕組みとなっている。数千万円の単位で退職金が加算された例などもあり、1990 年代の終わりから今日までに多くの日本企業で早期退職優遇制度は実施され、多くの退職者が生まれている。かつて終身雇用と呼ばれた日本の雇用制度は大きく転換しているのである。

　定年制を採用している企業では、従業員と合意の上で、予め就業規則に退職年齢を 60 歳や 65 歳などと明示している。これはその年齢によって自動的に退職の日が訪れるというものだ。2021 年 4 月には、改正高年齢者雇用安定法が施行され、65 歳までの雇用確保が義務となり、70 歳までの就業確保が努力義務にもなっている。わが国の高齢化は進む一方であり、また寿命も伸び「人生 100 年時代」などと呼ばれている。人手不測の解消、公的年金制度の維持や高齢者の生活充実のためにも、定年の延長などにより高齢者の知識や経験をいかしていくことが求められている。

　ほかにも、刑事罰を受けるような大きな問題を起こした従業員に関してはその企業の就業規則違反ということで懲戒解雇になって退職するという例もある。

## 3．評価
　モチベーションの高い人が集う企業が成長することに異論はないはずである。モチベーションを高めるには、公平で納得性の高い評価が重要である。評価にしたがって賃金や賞与が決定し、昇進・昇格することもある。また、転勤や担当職務の変更となる異動の根拠にも評価は必要であり、どのようなスキルを身につける必要があるのかを判定して能力開発していくべきかを考えるためにも重要だ。このように、人事評価は多くの人事機能を実施するうえでその方向性を決定する重要な根拠となるものである。

　その評価の基準や対象は、昇進や昇格、職能資格制度などの職能等級をどのように決めているのかということとも大きく関係している。ジョブ・グレードを採用している企業であれば、その仕事の難易度や役割の企業への貢献度を測定することによって、評価の基準とすることになる。部下が何名いて、どのように育成したのか、どれだけの利益額に貢献があったのかという成果が基準となりうる。しかし、職能資格制度を採用している企業であれば、どのような能力をその人が有しているのかを基準に評価するので、成果主義的に仕事の結果のみを評価するということにはなりにくい。

　多くの企業で評価は上司と部下の一対一の関係では完結しておらず、何段階かの階層を経ている。あなたが営業部の従業員であったとすると、直属の上司である係長が一次評価者、その上の課長が二次評価者、営業部長が三次評価者という具合である。

　直属の上司は5点満点などで絶対評価を実施するが、二次評価者からは部下全体のバランスとの関係から相対評価を実施したりするのも一般的である。最終的には、部内の相対的なバランスが加味されながら各段階の評価者の調整によって評価が定まる。この評価にしたがって賞与の支給比率が変わったり、次年度の昇給額が変わったりするので、部内で人件費に回せる原資の枠組みとの関係性も考慮する必要から、各段階の評価者の調整が必要になるのである。

　また、日本企業では目標の達成度に基づいて評価が実施されることも多い。これは目標管理制度と呼ばれるもので、まず期首において上司と部下の間で特定のフォーマットにしたがい業務目標の設定について話し合う。それは、その企業の5年間程度の期間を想定した中期経営計画の実現のための事業部などの事業単位の年間目標に沿ったものとなる。その事業単位での目標達成に即した各部単位の目標があり、さらに課や係に降りてくる目標が存在し、それらとの

関係性の中で個人目標を立てるのである。目標設定の話し合いを通じて、上司の部下への期待や育成の方向なども共有されるし、全社や事業部門の目標を理解し、その中で自らの仕事がどのような位置づけになるのかを見出すこともできる。また、上司にとっても現場の現実をより切実に理解する機会となるし、部下の能力を見定める機会ともなる。半年後には、中間面談などを実施して目標に対する軌道修正などがあり、一年後には目標の達成度について話し合いがなされ評価が決定するというものである。

　成果に対する評価について目標設定を上司と部下の二者が共に行うことから納得性を高める効果があるとされ、全社や部門ごとの事業戦略と自らの仕事の位置づけを理解できるなどのメリットがある。さらに、この目標を共有するプロセスにおいて、上司と部下の仕事に関する本格的なコミュニケーションを促すという組織的な目的もある。

## 4．報酬

　評価がなされればそれにしたがった報酬が従業員に支払われることになる。ここでは報酬としての賃金・賞与・福利厚生についてみていく。

　賃金とは、従業員が労働の対価として受け取る金銭のことである。正規従業員の場合、受け取る賃金の基本は基本給と呼ばれるものである。毎月一度現金給与として支払われるもので評価や職能資格等級、役職、勤務年数などの属性にしたがって決定される。基本給のほかに住宅手当、扶養手当、管理職であれば管理職手当など企業によって異なるが各種の手当も現金給与として基本給と同時に支給される。この基本給と諸手当をあわせて所定内給与という。これは各企業の就業規則で定めている労働時間内での労働に対する対価とい

う意味である。したがって労働時間外の労働、いわゆる残業については所定外給与として賃金に割増分を加算して支払われる。法定労働時間は、1日8時間、または1週間に40時間であるためこれを超えて労働した際に労働基準法では、通常賃金の25％を増額することを規定している。他にも22時から翌朝5時までを深夜労働として別に25％の割増賃金の支払いを求めている。

　賞与とは、毎月支給される所定内給与とは別に6月や7月の夏季と12月頃の冬季の2回支払われるもので名目上は臨時的な給与のことである。いわゆるボーナスと呼ばれているもののことである。3月の年度末に期末手当として支給する企業もありその場合は3回の賞与となる。基本給に企業ごとに決められている月数を掛け算するのが一般的であるがこの何か月分を賞与とするのかについては企業の業績にしたがって変動があり、経営者側と労働組合によって話し合いの上で妥結される企業もある。

　福利厚生は、法定福利と法定外福利にわけられる。社会保険としての健康保険、厚生年金、雇用保険については企業が負担することを法律で定めている。企業ごとに従業員にさらなる利益還元をする方法として法定外福利があり、独身寮や社宅といった格安での住まい提供や、社員食堂、厚生年金とは別の企業年金、退職金などが挙げられる。これらの福利厚生は、現金給与ではないため見えない給与と呼ばれることもある。企業が従業員に支払う現金給与とこうした福利厚生をあわせたものが総労働費用といえる。現金給与が8割程度、福利厚生に2割程度がかかる。

## 5．人材育成
　企業での人材育成には、大きくわけて職場での職務を通じての育成と職場を離れた場所や時間に実施される教育や育成の機会があ

る。日常の職場において通常業務をこなしながらも仕事の中に課題を設定したり、上司や先輩などから適切なアドバイスやフィードバックを織り交ぜたりしながら育成していくことを OJT (On-the-Job Training) と呼ぶ。日本企業の人材育成の基本がこの方式とされる。育成の責任者にきちんと計画と目標があり、育成される側との良好なコミュニケーションのもとに実施されると効果を発揮する。しかし、OJT を実施していると言いながら、単に日常業務をこなしているだけということもありうる。

　もう 1 つは Off-JT (Off-the-Job Training) と呼ばれるもので、教育訓練を担う部署が、通常業務とは別の時間・場所において新入社員研修や課長や部長への昇進・昇格者向け研修、海外赴任前研修、語学研修、資格取得希望者向け研修などを座学で実施するものである。社外においてもビジネススクール (経営大学院) や語学スクールなどに企業が授業料を負担して育成目的で従業員を派遣することがある。

## 6．労使関係

　従業員側を労働者、経営者側を使用者と考えて、その関係性を指すのが労使関係である。企業はここまでに議論してきた雇用管理や評価、報酬、人材育成などを一方的に自由に運営できるわけではない。労働者には、いわゆる労働三権が憲法第 28 条に定められている。労働組合をつくり、加入する権利である団結権、労働組合と使用者側が賃金や労働時間といった労働条件について交渉できる団体交渉権、労働条件改善要求のために抗議の意味でストライキを実施できる団体行動権である。この労働組合とは、労働者が自主的、主体的に労働条件の維持や改善を図ることを目的として組織する団体及びその連合団体のことをいう。

　全ての企業に労働組合が存在するわけではないので、労使関係が労働組合と使用者による交渉によってのみ成立するわけではない。厚生労働省がまとめた 2020 年の『労働組合基礎調査』では、労働組合に加入している人が雇用者に占める割合を示す組織率を推計で17.1％と発表している。労働組合員数は約 1,012 万人であるから 5千万人以上の人が労働組合に加入していないということになる。

　昭和の時代においては、大企業である製造業で工場労働者が多かったことから労働組合組織率は 50％をこえていた。しかし、近年の製造現場の海外移転、高学歴化によるホワイトカラーの増加、産業のサービス業化などの要因により組織率は低下していると言われている[2]。

## 7．人的資源管理の課題と今後の学習
### （1）非正規従業員

　ここまで見てきた人的資源管理の諸側面は、そのほとんどが正規従業員、いわゆる正社員のことを対象とした管理を見てきた。しかし、近年のわが国の職場には非正規従業員と呼ばれる雇用形態で勤務する人々が増加した。一般的な理解として、正規については企業と従業員が期限の定めのない雇用として直接的に契約関係を結んでいる。しかし、非正規の場合は期限のある雇用であったり、勤務する企業でない派遣元企業などに所属したり、パートのように短時間だけ勤務したりする雇用とされている。すなわち、アルバイト、パート、派遣、請負、契約社員、嘱託などの形態で勤務するのが非正規従業員である。

　総務省の『労働力調査』によれば 2019 年の労働者数は 6,004 万人であり、そのうち非正規従業員は 2,166 万人である。このうち女性が 1,475 万人と 68％を占めている。労働者の 3 分の 1 強が非正規従

図表 6-2　派遣契約の構造

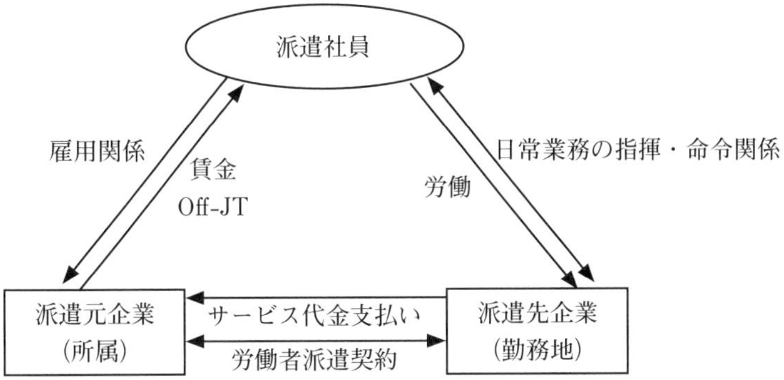

出所：筆者作成

業員なのである。

　非正規従業員は正社員と異なり、退職金が無い、福利厚生が少ない、定年までの安定した雇用が無いなどの不安要素がある。しかし、あえて非正規の道を選んでいる人も一定数いる。それは、家庭の都合や個人的な事情に合わせて勤務時間を短くできることなどが理由に挙げられている。2020 年版『厚生労働白書』によれば、男性で非正規従業員を選択している人のうち全体の 30% 未満の人が、その理由について時間の都合のよさを挙げているが、30 代、40 代に限ってみると正社員の雇用が無かったため、致し方なく非正規を選んでいるという人が 3 割を超えている。

　たとえば、派遣社員という勤務形態の場合、図表 6-2 のように自らの所属企業（派遣元企業）と実際に勤務する企業（派遣先企業）が異なることになる。したがって、日常の指揮命令は当然派遣先の企業からとなるが、この派遣社員の育成責任は所属の派遣元企業となる。OJT などを想定したときに、所属している派遣元企業では不可能である。しかし、派遣先企業では即戦力を派遣してもらうサービ

ス代金を派遣元企業に支払っているため、OJT のための追加的な費用については消極的になる。また、所属している派遣元企業は日常の仕事中には指導ができないため OFF-JT の場において汎用性の高いスキルしか指導を実施できない。こういった人材育成上のジレンマが生じることになる。そのようなさまざまなギャップの中で正規と非正規の従業員が同じ職場でいっしょに勤務することになるためバランスのとれた組織運営には大きな困難もともなう。

## （2）ダイバーシティ＆インクルージョン

　非正規従業員も同じ企業内の重要なパートナーであるように、企業では多様な雇用形態、多様な特性をもった人々が勤務している。

　ダイバーシティとは多様性を意味している。近年は規格化され大量生産された汎用品を求める時代ではなく、多様な価値観をもった個人が個性にあった商品やサービスを求める時代だと言われる。このことを前提に、市場の多様な価値観を理解し、対応した事業展開をするためには、企業の内部にも同様の多様な価値観を必要とする。男性のみで日本人ばかりの市場は存在しないため、多様な従業員による自由闊達な意見を事業に反映させる必要がある。従業員の多様性には、その属性、価値観や考え方、勤務形態の 3 種が挙げられる。

　まず属性から見ていくと、これまでのような男性中心主義的な経営を改め、管理職や取締役の女性比率向上など女性活用推進が重要になっている。また、グローバル化が当たり前の時代において日本人だけでなく外国人の活用も求められる。海外に市場や生産の場を求めるだけではなく、育ってきた環境や宗教の違いなどから生まれる価値観の違いをうまく事業に取り込んでいく必要がある。障がい者の法定雇用率については、一定水準の企業を対象に障害者雇用促進法によって定められている。しかし、法定雇用率を超越して、障

がいがあればこそ理解できるユニバーサルデザインの発想などを取り入れることも価値観の多様化を進めてくれる。ほかにも高齢化がさらに一層進んでいく中で人手不足は深刻化している。シニア市場を理解しているシニア世代もその経験などをいかしてもらい活用していく必要がある。さらに、性的マイノリティーである LGBT についても職場での偏見をなくしていく必要がある。職務遂行能力と LGBT であることには何の関係もないことは明らかである。優秀な人材を仕事以外のことで苦痛を与え、失ってはならないのである。

　属性だけでなく価値観や考え方のダイバーシティも重要視されている。近年、雇用の多様化が進み、仕事への価値観が大きく変化している。5 年間などの期間限定で勤務することを前提に教員やアーティストを目指すという人を雇用する企業も出てきている。定年まで勤務することを前提にすると、失敗を避けることを第一義的に日々の意志決定をしてしまうが、5 年後には退職し、ほかの夢に向かうという人はしがらみが少ないので、思い切った意見を言えるし失敗を恐れずにいられる。こうした多様な価値観を同じ組織でうまく調和させることがイノベーション (経営革新) には必要とされている。また、グローバルな市場との対峙においては当然日本人がこれまで馴染みの少なかった多様な宗教に対しても理解を必要とする。

　勤務形態においても副業が解禁されている企業が増えている。一人の人が多数の企業と契約を結ぶことも増えてきた。他社での経験が自社で生きることもあるし、自社に他社の専門家の意見を反映することもできるのである。また、副業が増加したことには、技術の発展とコロナ禍を契機にリモートワークが増加したこととも関係している。

　ダイバーシティ＆インクルージョンとは多様性とその受容を意味している。多様な個の違いを積極的に受け入れ、それを認め合い、

企業活動に生かしていくことがヒトという経営資源を最大限に活用していく経営なのである。

### （3）今後の人的資源管理の学習

　人的資源管理の取り扱う分野はとても広く、この章ではその実務的な側面のほんの一部にしか触れられていない。人はなぜ働くのかといった根源的な問いについて社会学や心理学の分野からアプローチしたモチベーションの議論や、モチベーションを組織的に喚起するためのインセンティブ（誘因）の議論、人材育成に関する教育学的な議論や、経営戦略と連動した人的資源管理のあり方、海外子会社管理などの国際的な人的資源管理、中小企業特有の議論など多岐にわたる。

　ぜひ、この章での概説から、企業のもっとも重要な経営資源であるヒトについて考えるきっかけとしてもらいたい。

〔注〕
1) 八代（2019）
2) 今野・佐藤（2020）

〔参考文献〕
1. 今野浩一郎・佐藤博樹 (2020)『マネジメント・テキスト 人事管理入門 (第3版)』日本経済新聞出版
2. 厚生労働省 (2020)『令和2年版厚生労働白書』
3. 厚生労働省 (2020)『労働組合基礎調査』
4. 産労総合研究所 (2021)『第8回 人事制度等に関する総合調査』
5. 総務省 (2020)『労働力調査』
6. 守島基博 (2010)「社会科学としての人材マネジメント論へ向けて」『日本労働研究雑誌』52 (7) 労働政策研究・研修機構、pp.69-74
7. 八代充史 (2019)『人的資源管理論 : 理論と制度 (第3版)』中央経済社

# 第7章　マーケティング

## －マーケティングの基本戦略－

## 1．マーケティングとは

　マーケティングは19世紀終わり頃から20世紀初め頃にアメリカで誕生したといわれている[1]。それはその頃にさまざまな産業において大量生産技術が導入され、その大量生産した製品を大量に販売する必要が生じたからである。

### （1）企業経営におけるマーケティングの必要性

　企業の売上げや利益は、製品やサービスを顧客に販売することによってもたらされる。そして現在、ほとんどの製品やサービスは他社のそれと競合していることが多い。そうしたなかで自社の製品やサービスを顧客に購入してもらうために行うのがマーケティングである。

　P. F. ドラッカーは『マネジメント』の中で「マーケティングの理想は販売を不要にすることである。マーケティングが目指すものは、顧客を理解し、顧客に製品とサービスを合わせ、自ら売れるようにすることである[2]」と述べている。

### （2）マーケティングの定義

　アメリカ・マーケティング協会によるマーケティングの最新（2013年）の定義は次の通りである。

　Marketing is the activity, set of institutions, and processes for creating, communicating, delivering and exchanging offerings that have value for customers, clients, partners, and society at large.

「マーケティングとは、顧客、得意先、パートナー、そして社会一般にとって価値のある提供物を創造し、伝達し、配送し、交換するための活動であり、一連の制度であり、プロセスである。」

そして日本マーケティング協会は1990年に次のように定義している。

Marketing refers to the overall activity by the which business and other organizations, adopting a global perspective and gaining the understanding of their customers, create markets through fair competition.

「マーケティングとは、企業および他の組織がグローバルな視野にたち、顧客との相互理解をえながら、公正な競争を通じて行う市場創造のための総合的活動である。」

アメリカ・マーケティング協会はマーケティングの定義を複数回改定しているが、それは時代によりマーケティングに求められるものが変化しているからである。

## （3）マーケティング・ミックス

マーケティングでは、E. J. マッカーシーが唱えたマーケティング・ミックス（4P）がその中心とされている。4Pとは、Product（製品）、Price（価格）、Promotion（プロモーション）、Place（チャネル）、の4つである。マーケティング・ミックスの4つの要素のそれぞれが適切に行われるのでなく、4P全体が適切に行われることが重要である。

## ２．Product（製品）戦略

### （１）製品とは

　４Ｐの１つめはProductである。企業の売上げや利益が、製品やサービスを顧客に販売することによってもたらされるからである。そして他の３Ｐは、Productによって戦略が変わってくるからである。

　それでは製品とは何であろうか。W. レイザーは「製品とは買い手と売り手の問題を解決してくれる手段である」と述べている。すなわち、製品は買い手にとって自己の欲求を満足させるものであり、売り手にとっては売上げをもたらし利益の確保を可能とする解決手段である[3]。

### （２）製品の分類

　製品はさまざまに分類することができるが、ここでは代表的なものをみていく。

　製品はそれを利用する顧客により、生産財と消費財に分類できる。生産財は購入後にそれに加工を加えたり、業務を行うために使用するために購入される製品である。消費財は消費者が自ら使用するために購入される製品である。ボールペンも家庭で利用されるために購入すれば消費財であるが、企業で事務作業を行うために購入すれば生産財になる。

　消費財は顧客の購買方法により、最寄品、買回品、専門品に分類できる。最寄品は消費者が頻繁に購入する製品であり、食料品や日用雑貨等が該当する。買回品は消費者がそれを購入する際に複数の店舗を見て回り、多くの製品を比較検討して購入する製品であり、ファッション衣料や家電製品等が該当する。専門品は消費者がそれを購入する前に特定のブランドや特定の店舗で購入することを決めている製品であり、高級ブランドバッグや高級自動車等が該当する。

## （3）製品ライフサイクル

　人間に寿命があるように多くの製品にも寿命がある。もちろん、50年いや100年以上市場で販売され続けている製品もある。新製品が市場に導入されてから消えるまでを製品ライフサイクル（Product Life Cycle：PLC）という。PLCは、導入期、成長期、成熟期、衰退期の4つに分類される。

　① 導入期

　新製品が市場に導入される時期である。この時期は新製品が発売されたばかりのため、消費者がその存在を知らないことが多い。したがって同製品を認知させるために広告等のプロモーションが必要となる。導入期以前の新製品開発時期に多額の新製品開発費用が必要になること、さらに導入当初は認知度が低く売上げも少ないため、利益は少ないか赤字の場合もある。そのため革新的な新技術をもった新製品の場合、導入期の価格は高く設定されることが多い。

　② 成長期

　新製品に対する消費者の認知度が徐々に高まり、売上が急速に増加する時期である。新製品が市場に受け入れられ売上げも増加するため、競合企業から同様の新製品が発売される時期でもある。販売数量が増加することから規模の経済性が得られること、競合企業との競争上からも、価格の引き下げが行われる。競合企業の新製品に対抗するため、製品の改良や製品バリエーションの拡充が行われる。そして、この時期に先発企業は市場シェアの拡大を目指し、広告等のプロモーションに力を入れる。

③ 成熟期

　その市場の成長率が低下する時期である。この時期は導入期や成長期より長く続くためマネジメントが難しい時期でもある。通常、競合企業の製品と差別化を行うために、ブランドイメージの差別化を行う。市場が伸びないため市場シェアの高い企業が規模の経済性により大きな利益を得ることができる。成熟期後半には売上げが減少し始める。

④ 衰退期

　その市場全体が徐々に減少する時期である。売上げが減少することから成熟期までのように規模の経済性を得られなくなる。そのため企業、特に市場シェアの低い企業は市場から撤退する、すなわち市場から当該製品の発売をやめる選択をすることがある。撤退する企業があれば、その企業の売上げ獲得を目的として市場に留まるという選択を行う企業もある。

　近年、消費者ニーズの多様化や企業間の新製品開発競争の激化、そしてスーパーマーケットやコンビニエンスストアにおける商品改廃の早さにより、PLC は短縮化する傾向がある。加工食品では、「茶筒型」や「線香花火型」という、極めて短い PLC が増えてきている。

（4）ブランド

① ブランドとは

　アメリカ・マーケティング協会では、「ブランドは、ある売り手の財やサービスを、他の売り手のそれと異なるものと識別するための名前、用語、デザイン、シンボル及びその他の特徴である」と定義している。すなわち、ルイヴィトンやメルセデスベンツといった

高級ブランドだけがブランドではなく、他企業の製品やサービスと識別されるためのものであればブランドとなる。

　ブランドの始まりは酪農家が放牧する自分の牛を他の酪農家の牛と識別するために、牛のおしりにつけた焼き印だといわれている。自社の製品やサービスを他社のそれと異なるものであることを顧客に知らせるためにつけるのがブランドである。ブランドは競合企業の製品やサービスと差別化するために利用されることから、製品戦略のなかでの重要性がますます高まってきている。

　企業は、競合するブランドのなかから自社のブランドを顧客に選択してもらうためにブランドの認知活動を行う。ブランド認知が進めば顧客は、そのブランドへのロイヤルティ（忠誠度）が高まる。ブランド・ロイヤルティはその程度により、ブランド認知、ブランド選好、ブランド固執の段階で捉えることができる。

　② ブランドの分類

　ブランドは、それを誰が主体として開発するかにより、2つに分類される。メーカーが全国市場で販売し知名度が高いブランドをナショナル・ブランド（National Brand：NB）といい、流通業者（卸売業・小売業）が独自の仕様書を基に企画発注するブランドをプライベート・ブランド（Private Brand：PB）という。PBの代表はイオンの「トップバリュ」である。

## 3．Price（価格）戦略

　4Pの2つめはPriceである。マーケティングにおいて価格が重要であるのは次の理由からである。第1に、価格は顧客が商品を購入する際に支払う対価であることから、顧客はその商品が価格に見合うかどうか判断して購入するか否かを決めるからである。第2に、

価格は企業にとって商品単位当たりの売上げを規定するからである。第3に、顧客がある商品に対する情報が不足している場合に価格を判断基準にすることがあるからである。

　マーケティング・ミックスのなかにおける価格は、他の3Pの戦略に大きな影響を及ぼす。なぜなら、Product における新製品開発費用、Place における流通業者へのリベート、Promotion における広告宣伝費等は、その企業の利益から支出するため、利益が少なければ他の3Pに支出できる費用が少なくなってしまうからである。

### （1）損益分岐点

　損益分岐点とは、売上げと費用が同一になる点をいい、損益分岐点より売上高が高いと利益を得ることができ、逆に売上高の方が低いと赤字になる。

　損益分岐点は、図表 7-1 のようになる。

図表 7-1　損益分岐点

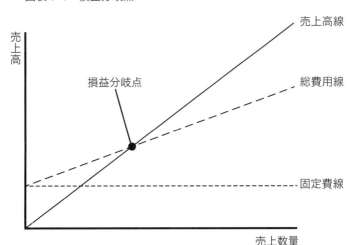

出所：河田（2019b）p.106 を一部修正

損益分岐点売上高を求める計算式は次の通りである。

$$損益分岐点売上高 \ = \ \cfrac{固定費}{1 - \cfrac{変動費}{売上高}}$$

## （2）需要の価格弾力性

　ある商品に対する需要は、一般的に価格が高くなれば減少し、逆に価格が低くなれば増加する。ある商品に対する需要の変化度合いが示す数値を需要の価格弾力性という。

　価格弾力性が1より大きいと弾力性が高く、逆に1より小さいと弾力性が小さいという。生活必需品は価格弾力性が小さく、贅沢品は高いといわれている。

　価格弾力性を求める計算式は次の通りである。

$$価格弾力性 \ = \ \cfrac{需要の変化率}{価格の変化率}$$

## （3）メーカーにおける価格戦略

　マーケティングは大量生産体制を構築したメーカーが、大量生産された製品をどう効率的に販売するかという課題を解決するために誕生したものである。そこで、ここではメーカーにおける基本的な価格戦略をみていく。

### ① 建値制

　メーカーが各流通段階における標準的な価格体系を設定するものである。例えば、メーカー希望小売価格を100（％）とした場合に、メーカー出荷価格を65（％）、メーカー希望卸売価格を70（％）として設定することがある。

② オープン価格制

　スーパーマーケットや家電量販店のような大規模小売業は、大規模メーカーの商品を安く販売することにより集客を図る。それにより建値制が意味をなさなくなるとともに、小売店頭での二重価格表示に利用されている。二重価格表示によりその商品の価格に顧客が不信感をもつことになる。それを防ぐために建値制をやめて、メーカー出荷価格のみを設定するのがオープン価格制である。

③ 再販売価格維持制度

　流通業者にメーカーが指定した価格で販売させてもよい価格制度である。現在、書籍、雑誌、新聞、レコード盤、音楽用テープ、音楽用CDの6品目に同制度の適用が認められている。これらの著作物の価格が安くなると正しい情報を伝達することが難しくなり、それが「国民の知る権利」を妨げることがあるため、公正取引委員会により特別に認められている。

④ 上澄吸収価格戦略

　市場導入期にある製品の価格を高くして、新製品開発費用等を早期に回収しようとする価格戦略である。販売増加による量産効果（規模の経済性）や競合企業による類似製品が登場してくると価格は引き下げられる。

⑤ 浸透価格戦略

　市場導入期にある製品の価格をあえて低く設定する価格戦略である。競合企業の参入を防ぐ目的や、PLCを早期に成長期に移行することを目指して行われる。

## （4）競合における価格戦略

　前述のように、ほとんどの製品やサービスは競合企業が類似製品や類似サービスを販売している。類似しているため価格競争が発生しやすい。そこで競合企業から価格引き下げ競争を仕掛けられた際の対応についてみていく。

　競合企業の地位（売上高や知名度）が自社より低い場合に、価格引き下げに必要な費用がそれを行わない場合の売上減少分を上回る場合は、価格引き下げを行わず無視した方がよい。なぜなら自社の利益がより多く減少してしまうからである。

　競合企業の地位が自社より低い場合でも、価格引き下げに必要な費用がそれを行わない場合の売上減少分を下回る場合は、価格の引き下げを行うべきである。それにより競合企業の売上増加を少なくすることができるとともに、競合企業の利益を減少させることができるからである。

　競合企業の地位が自社と同等もしくは自社よりも高い場合に、価格引き下げに必要な費用がそれを行わない場合の売上減少分を上回る場合は適切に対応（適応）するのがよい。なぜなら同等の企業の場合には価格引き下げ競争が際限なく続く可能性があり、自社よりも高い場合には企業体力的に負けるため、積極的な価格引き下げを行っても勝てないからである。ただし何もしないと売上げや市場シェアを取られてしまうため、ある程度の価格引き下げは行わなければならない。

　競合企業の地位が自社と同等もしくは自社よりも高い場合に、価格引き下げに必要な費用がそれを行わない場合の売上減少分を下回る場合は、競合企業の価格引き下げ効果を少なくするためにも、価格引き下げを行うべきである。

図表 7-2　競合企業からの価格競争への対応策

競合企業の地位

| | | 劣位 | 同等 or 優位 |
|---|---|---|---|
| 価格競争への対応費用 | 大きい | 無視 | 適応 |
| | 小さい | 反撃 | 防御 |

出所：池尾（2010）p.450 を筆者一部修正

## 4．Promotion（プロモーション）戦略

　4Pの3つめはPromotionである。企業が自社の製品やサービスを顧客に伝達する手法がプロモーションである。プロモーションには、広告、セールス・プロモーション、パブリック・リレーションズ、人的販売等がある。

　広告は媒体を通じて伝達するメッセージであり、新聞広告、雑誌広告、テレビ広告、ラジオ広告、インターネット広告、屋外広告、交通広告、ダイレクトメール、折り込み広告、POP広告、フリーペーパー等がある。このうち、新聞広告、雑誌広告、ラジオ広告、テレビ広告の4つをマスメディア広告という。価格の安さと迅速性により近年、インターネット広告が増加している。

118

図表 7-3　広告の評価基準

| | 新聞 | 雑誌 | テレビ | ラジオ | インターネット | 屋外・交通 |
|---|---|---|---|---|---|---|
| 到達範囲の広さ | ○ | | ○ | | | |
| セグメンテーション効果 | | ○ | | ○ | ○ | |
| 詳述性 | ○ | ○ | | | ○ | |
| 反復性 | | | | | | ○ |
| 能動性 | | | | | ○ | |

到達範囲の広さ：広告を見る人の範囲の広さをあらわしている。
セグメンテーション効果：想定する顧客に適切に到達する程度をあらわしている。
詳述性：掲載できる情報量の多さをあらわしている。
反復性：同じ広告に何回も接触できる程度をあらわしている。
能動性：顧客が情報を取得する際の積極的な態度をあらわしている。
出所：岸谷 (2020) p.89 を一部修正

　1つの広告媒体で5つの評価基準すべてを満たすことができないため、企業の広告は複数の広告媒体を組み合わせるというメディア・ミックスを採用しなければならない。

　セールス・プロモーションは、顧客に対して商品やサービスを販売したい企業が直接的に情報を提供して、それにより購入意欲を高める手段である。同プロモーションには、割引、クーポン券、景品、イベント、ポイント付与等がある。

　パブリック・リレーションズは、企業等がステークホルダーや顧客に対して自社の情報を提供して適切な関係性を保つための活動である。パブリック・リレーションズのなかのパブリシティはメディア等が企業の情報を無料で取り上げてくれるものであり、広告よりも信頼性が高いが、その情報を取り上げる価値があるか否かはメ

ディア側が判断するため掲載される可能性が低く、確実ではない。

　人的販売は、販売の実現を目的として見込客に対して企業の担当者が口頭で情報提供を行うことであり、百貨店や家電量販店の接客がこれに該当する。

## 5．Place（チャネル）戦略

　4Pの最後は Place である。チャネルは企業が顧客に対して、どのようなチャネル（販路）を使って自社の製品やサービスを届けるかを決定することである。

　チャネルは一般的に、企業が顧客に直接届ける直接流通チャネルと、顧客との間に他の企業である流通業者を挟む間接流通チャネルの2つの大きく分類できる（図表7-4）。

　　図表 7-4　流通チャネルの種類

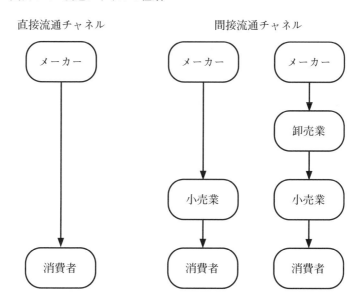

　　出所：河田（2019a）p.142

120

　インターネットの普及・発展に伴い直接流通チャネルが増えてき
ているが、私たちは日頃、スーパーマーケットやコンビニエンスス
トアで買い物をしていることから、間接流通チャネルを使うことの
方が多い。

　図表 7-5 の通り、消費者がネットで買い物をする金額は増えてい
る。しかしながら 2020 年は市場規模がわずかに減少している。そ
れはコロナ禍により物販としてのネット通販自体は増加している
が、旅行や飲食の予約そしてチケット販売が大きく減少したからで
ある。

## （1）チャネル・パワー

　直接流通チャネルの場合、企業が顧客に直接届けるため大きな問
題は発生しないが、間接流通チャネルの場合には、他の企業が間に
入るため、自社の思い通りに届けてくれるとは限らない。

図表 7-5　日本における企業対消費者の電子商取引の市場規模の推移

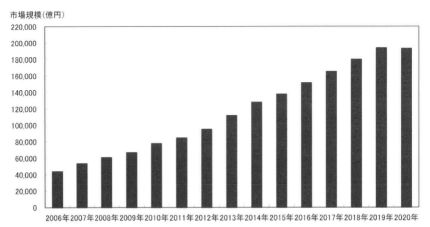

出所：経済産業省 HP「電子商取引に関する市場実態調査」より作成。

　そこで間接流通チャネルの場合には他の企業の行動を管理する必要が生ずる。その管理するための能力をチャネル・パワーといい、それには5つある。

　① 強制パワー
　これは流通業者が自社に協力的な態度をとらないときに発揮するパワーであり、当該流通業者との取引関係を縮小したり、打ち切ったりするパワーである。流通業者が自社との取引シェアが高い場合は効力を発揮するが、低い場合は効力が少ない。

　② 報酬パワー
　流通業者にリベート等を供与して、自社に協力的な態度をとるようにするパワーである。

　③ 正当性パワー
　取引契約書等に基づいて流通業者に自社が期待する作業等を行ってもらう際のパワーである。

　④ 専門性パワー
　流通業者よりも自社の方が専門知識等をもっている場合に発揮されるパワーである。

　⑤ 関係性パワー
　流通業者が自社との長期間の取引に満足している場合に発揮されるパワーである。

## 6．グローバル・マーケティング
### （1）グローバル・マーケティングとは

　近年、企業の経営活動がますますグローバル化している。国内の顧客を対象としたマーケティングから、国外の顧客を対象としたマーケティングを行わなければならず、そこには文化、生活習慣、言語が違うことから、国内と同じマーケティングでは通用しないことが多い。

　グローバル・マーケティングの発展段階は3つに分類される[4]。第1段階は輸出マーケティングであり、自社製品を国外に販売する際に行うマーケティングである。第2段階はマルチナショナル・マーケティングであり、輸出を継続しながら現地生産を行い、より現地に適合したマーケティングを行う段階である。第3段階はグローバル・マーケティングであり、各国・地域市場を関連させて総合的に捉えてグローバルな視野にたってマーケティングを行う段階である。

　近年では中小企業や新興国企業が企業設立当初からグローバル市場をターゲットとしたグローバル・マーケティングを展開することがある。こうした企業をボーン・グローバル企業という。

### （2）標準化と適応化

　グローバル・マーケティングは、複数の国や地域を対象とすることから多くの困難が伴う。企業は規模の経済性を獲得するために本国市場と同じマーケティングを行うのが効率的であり、それによる費用の削減によって競争優位を獲得することができる。しかし前述の通りそれではうまくいかないことが多い。そのためグローバル・マーケティングにおいてはマーケティング・ミックスのなかのある部分は本国と同じマーケティングを採用するという「標準化」を行い、それでは対処できない部分は現地にあったマーケティングを採

用するという「適応化」を行う必要がある。

　すなわち「標準化」か「適応化」の二者択一ではなく、規模の経済性という競争優位を獲得するために「標準化」できる部分は徹底的に「標準化」を進めていくことが重要である。


〔注〕
1）池尾（2010）p.3
2）堂野崎（2019a）p.5
3）堂野崎（2019b）p.86
4）若林・加賀美（2018）pp.21-22


〔参考文献〕
1. 池尾恭一（2010）「第1章　現代マーケティングと市場志向」池尾恭一・青木幸弘・南　知恵子・井上哲浩『マーケティング』有斐閣、pp.3-21
2. 河田賢一（2019a）「第6章　流通チャネル戦略」西田安慶・城田吉孝編著『マーケティング戦略論（第2版）』学文社、pp.140-159
3. 河田賢一（2019b）「第7章　価格戦略の基礎」現代マーケティング研究会編『マーケティング論の基礎』同文舘出版、pp.103-118
4. 堂野崎　衛（2019a）「序章　マーケティング発想の重要性」現代マーケティング研究会編『マーケティング論の基礎』同文舘出版、pp.3-14
5. 堂野崎　衛（2019b）「第6章　製品戦略の基礎」現代マーケティング研究会編『マーケティング論の基礎』同文舘出版、pp.85-101
6. 若林靖永・加賀美太記（2018）「第1章　国際マーケティングの発展」齋藤雅通・佐久間英俊編著『現代社会を読む経営学⑨　グローバル競争と流通・マーケティング　－流通の変容と新戦略の展開－』ミネルヴァ書房、pp.19-41

## 第8章　デジタル経営

## －デジタルが変える企業経営－

# 1．デジタル化の進展
## （1）大学もデジタル化

　読者の大半が大学生だとすると、この教科書を使用して経営学の入門的な科目を受講するにあたり、あるいは他の講義を受講するにあたり、シラバスの確認、履修登録についてはウェブサイトを通じてパソコンかスマートフォンで簡単に終えているはずだ。また、必修科目の登録が足りなかったり、臨時休講が発生したりする際にも大学のポータルサイトやEメールなどを通じて連絡されるはずである。この大学生として必要な情報が伝達されるツールとしてデジタルな情報ツールが活用されるようになったのは大学によって異なるがこの10年前後の出来事である。

　それまでの大学から学生への連絡といえば、リアルな掲示板を見に行く他なく、大学生の朝の最初の行動は学部掲示板を見に行くことだった。奨学金に関する個人への呼び出しが掲示されていたり、テストの方法が通知されていたりするため見逃すわけにいかないので、まずは掲示板を見に行くというのが大学生の行動様式だったのだ。大学の学生への情報伝達は物理的なアナログの掲示板からデジタル化したのである。

　2020年から2021年はコロナ禍の影響があり、感染拡大を防ぐために大学は急速にデジタル化を進展させたと言える。講義は、オン

ラインになりマイクロソフトチームス (Microsoft Teams) を使用するか、ズーム (ZOOM) などを使用して教員があらかじめ用意した講義動画をオンデマンドで視聴するか、リアルタイムの講義を視聴し、ブレイクアウトルームにグループ毎に別れてグループワークをこなしていたりするはずだ。

　企業もその市場、事業、商品・サービス、組織・人事管理、会計などあらゆる側面においてデジタル化に対応しているし、むしろそのデジタル化を先頭で推進している企業こそが現代の市場取引を牽引している。コロナ禍や働き方改革によってテレワークが増えたことは、そのほんの端緒にすぎない。本章では、このデジタル化が企業経営にどのような影響を与えているのかをみていく。

## （２）デジタル化の主役 GAFA と日本の敗戦

　米国のグーグル (Google) の親会社であるアルファベット、アップル (Apple)、フェイスブック (Facebook)、アマゾン・ドット・コム (Amazon) の頭文字から、デジタル化した世界をつくった４騎士として GAFA (ガファ、もしくはガーファ) なる呼び名が定着している。これにマイクロソフト (Microsoft) の M を足して GAFAM と呼んだり、ネットフリックス (Netflix) の N を足して FANGAM としたりと多少の変動もあるが、しばらくはこれらの企業のデジタルサービスを全く使用しない１日を想定できる人は少ないだろう。

　どうしてもグーグルのアンドロイド (Android) かアップルの iOS が入ったスマートフォンを使うシーンがあるだろうし、仕事をする上でマイクロソフトオフィス (Microsoft Office) を使用しない日も考えられない。フェイスブックを SNS (Social Networking Service) として使用しない若者も、同社のインスタグラム (Instagram) はついつい見てしまう。重たい洗剤やお米はアマゾン・ドット・コムで

定期的に自動的に配達されるように設定している人も多いだろう
し、どこのメーカーのテレビであろうとリモコンには大きな白いボ
タンに赤字のアルファベットで Netflix のブランドロゴがあるだろ
う。われわれの生活はこの 20 年ほどの間にすっかり米国のデジタ
ル先進企業なくしては成り立たないものとなっているのだ。

　2020 年 5 月 9 日の日本経済新聞朝刊では、GAFAM 5 社の合計
時価総額が東証 1 部約 2,170 社の合計を上回ったと報道された[1]。
日本を代表する 2,170 社が束になってもこの 5 社にその企業価値に
おいて劣るのである。テレワークやインターネット通販など新型コ
ロナウイルスで変容した生活様式でも GAFAM は勝ち組で、自動車
などにおける自動運転などの次世代技術での投資余力も大きいこと
から評価を集めているという。5 社の時価総額は合計で約 5 兆 3,000
億ドル（約 560 兆円）に達し、東証 1 部の約 550 兆円を初めて超えた。

　表 8-1 は、平成のはじめと終わりにおける世界時価総額ランキン
グである。1989 年（平成元年）の日本はバブル経済ということもあ
り、今は合併して存在しない名称の日本の銀行 5 社がベスト 10 の
半数を占めている。また、日立製作所、松下電器（現パナソニック）、
東芝といったエレクトロニクス産業を当時世界でリードしていた企
業も 20 位以内にランクインしている。

　しかし 2019 年（平成 30 年）のランキングとなると、GAFAM が
トップ 5 を占めている。14 社がトップ 20 にランクインしていた日
本企業は 1 社すら残っていないのである。これは、この 30 年の間
に世界市場でデジタル化が企業経営に大きく影響を与えたことと
無関係ではない。2019 年のランキングでは、4 社がライクインし
た中国企業の台頭も顕著である。7 位のアリババ・グループ、8 位
のテンセント・ホールディングスを含む 4 社を米国の GAFA のよ
うに BATH と呼ぶことも増えた。それは検索エンジンのバイドゥ

128

表 8-1　世界時価総額ランキングの比較

| 1989年 (平成元年) | | | | 2019年 (平成 30年) | | | |
|---|---|---|---|---|---|---|---|
| 順位 | 企業名 | 時価総額 (億ドル) | 国名 | 順位 | 企業名 | 時価総額 (億ドル) | 国名 |
| 1 | NTT | 1638.6 | 日本 | 1 | アップル | 9409.5 | 米国 |
| 2 | 日本興行銀行 | 715.9 | 日本 | 2 | アマゾン・ドット・コム | 8800.6 | 米国 |
| 3 | 住友銀行 | 695.9 | 日本 | 3 | アルファベット | 8336.6 | 米国 |
| 4 | 富士銀行 | 670.8 | 日本 | 4 | マイクロソフト | 8158.4 | 米国 |
| 5 | 第一勧業銀行 | 660.9 | 日本 | 5 | フェイスブック | 6092.5 | 米国 |
| 6 | IBM | 646.5 | 米国 | 6 | バークシャー・ハサウェイ | 4925.0 | 米国 |
| 7 | 三菱銀行 | 592.7 | 日本 | 7 | アリババ・グループ・ホールディング | 4795.8 | 中国 |
| 8 | エクソン | 549.2 | 米国 | 8 | テンセント・ホールディングス | 4557.3 | 中国 |
| 9 | 東京電力 | 544.6 | 日本 | 9 | JPモルガン・チェース | 3740.0 | 米国 |
| 10 | ロイヤル・ダッチ・シェル | 543.6 | 英国 | 10 | エクソン・モービル | 3446.5 | 米国 |
| 11 | トヨタ自動車 | 541.7 | 日本 | 11 | ジョンソン・エンド・ジョンソン | 3375.5 | 米国 |
| 12 | GE | 493.6 | 米国 | 12 | ビザ | 3143.8 | 米国 |
| 13 | 三和銀行 | 492.9 | 日本 | 13 | バンク・オブ・アメリカ | 3016.8 | 米国 |
| 14 | 野村證券 | 444.4 | 日本 | 14 | ロイヤル・ダッチ・シェル | 2899.7 | 米国 |
| 15 | 新日本製鐵 | 414.8 | 日本 | 15 | 中国工商銀行 | 2870.7 | 中国 |
| 16 | AT&T | 381.2 | 米国 | 16 | サムスン電子 | 2842.8 | 韓国 |
| 17 | 日立製作所 | 358.2 | 日本 | 17 | ウェルズ・ファーゴ | 2735.4 | 米国 |
| 18 | 松下電器 | 357.0 | 日本 | 18 | ウォルマート | 2598.5 | 米国 |
| 19 | フィリップ・モリス | 321.4 | 米国 | 19 | 中国建設銀行 | 2502.8 | 中国 |
| 20 | 東芝 | 309.1 | 日本 | 20 | ネスレ | 2455.2 | スイス |

出所：ダイヤモンド社 (2018)[2]

（Baidu、百度）、企業間電子商取引サイトやオンラインモールのタオバオ（Taobao、淘宝）、日本でもレジで見かけるアリペイを関連企業のサービスにもつアリババ（Alibaba、阿里巴巴集団）、ライン（LINE）のようなインスタントメッセンジャーであるウィーチャット（WeChat）などを提供するテンセント（Tencent、騰訊）、最後は、2018年以降に中国と米国の関係が悪化する中で製品の輸出に制限が加えられるようになったスマートフォンや基地局などの通信機器メーカーであるファーウェイ（HUAWEI、華為技術）である。14億人弱と言われる人口と中国語という言語を背景にした巨大な市場がある中国は、当初は米国のコピーのような技術でデジタルサービスを展開していたが、強い国家権力による保護と技術力の進展でコピーではない新しい技術を開発し、独自サービスも展開するに至っている。そして、ニューヨーク証券取引所に上場するなどして巨額の時価総額となっているのである。

　平成のはじめにランクインした日本の金融機関はバブル経済崩壊後、不良債権処理に追われ、行政主導の金融ビックバンもあり合併が繰り返された。したがって、1989年（平成元年）にランクインした際の名称で残っている銀行が1行もない。不良債権処理と合併は組織内部に対して大きな労力を割く必要があり、また時間もかかったので、金融のデジタル化についても世界をリードするような立場にはなれなかったのである。

　世界で断トツの1位であったNTTは、その後90年代の後半から2000年代前半にかけてiモード[3]によって世界のモバイル通信においてデジタル化の先頭を走っていた時期もあった。しかし、それは日本国内においてのみ通用する規格であって、その後の2000年代後半のスマートフォンの普及開始によって世界標準を獲得することはできず、日本だけで通用するガラパゴスと呼ばれてしまった。日

本のエレクトロニクス産業も、世界最小最軽量の携帯電話などを製
造し、モバイル通信市場においてリードするかに見えたが、NTT
に追従し、その規格下で単体としてのハードウェアの開発の域を
抜け出せなかったため、ガラパゴスとしてアップルのアイフォン
(iPhone) に駆逐されてしまったのである。単体の機器をこえてデジ
タルネットワークで、どのようなソフトウェアやサービスと連携し
ながら全く新しいコミュニケーションを世界にもたらすかというビ
ジョンにおいて遅れをとることとなり、デジタルネットワークにお
けるプラットフォーマー GAFA にはなれなかったのである。

## ２．産業社会のデジタル化とデジタル技術の進展
### （１）第４次産業革命

　第４次産業革命は、ドイツ連邦政府が 2011 年にその構想を公表
し、2013 年にドイツの大手ソフトウェア企業エスエイピー (SAP)
の元社長でドイツ工学アカデミー会長のヘニング・カガーマンらの
ワーキンググループが「インダストリー 4.0」に関する提言をまとめ
たことにはじまっている。2016 年にはスイスで開催されている、い
わゆるダボス会議こと世界経済フォーラムの第 46 回年次総会にお
いて「第４次産業革命の理解」は主要テーマとして取り上げられてい
る。これは、第１次産業革命を水力や蒸気機関による工場の機械化
とし、第２次産業革命を分業と電力を用いた大量生産の実現、そし
て、電子工学や情報技術を用いた自動化について第３次産業革命と
位置づけることを前提にしている。まとめると表 8-2 のようになる。
そして、昨今の技術革新をもとにしたあらゆるモノがインターネッ
ト接続することを意味する IoT (Internet of Things)、ビッグデータ、
AI (Artificial Intelligence、人工知能)、ロボットの活用による産業
革命を４番目とするものである。

　たとえば、フェイスブックのホームページによれば、2億以上の企業がフェイスブックアプリを使って顧客にアクセスしており、毎日、1,000億件以上のメッセージを共有し、さらに毎日10億件以上のストーリーが共有されているという[4]。今さら当然のことではあるが、フェイスブックには偽者もいるとはいえ、基本的には実名でIDを取得して個人情報を登録しており、このSNSを使用している人たちがどのようなものを食べ、何の動画を楽しみ、どこの観光地にチェックインしたのかなどのデータを有していて、これらはビッグデータである。また、誰と誰が友人で、どの程度頻繁に、また、どのようなメッセージのやりとりをしているのかについてなどのビッグデータも把握されている。それは、いかなる政治的な主張に共感するのか、どのような容姿であるのかまで把握されているということである。これらのビッグデータにしたがって、フェイスブックはユーザーに効果的な広告を表示することが可能となっている。フェイスブックにかぎらず、オンライン流通世界一のアマゾン・ドット・コムをはじめ、日本の楽天や中国のアリババは顧客の購買履歴や商品閲覧データというビッグデータを駆使してマーケティングを実施し、次に買うべき商品を顧客に対して効果的に推薦してくる。その一方で、そのビッグデータは第三者に転売される可能性もあると言えるだろう。

表8-2　産業革命の変遷

| 18世紀末以降 | 第1次産業革命 | 蒸気機関による工業化 |
|---|---|---|
| 20世紀初頭 | 第2次産業革命 | 電力による大量生産 |
| 1970年代初頭から | 第3次産業革命 | 情報通信技術の進展 |

出所：内閣府（2017）『日本経済2016－2017』を筆者が改変

## （3）オープンデータ

　企業が独占的に顧客の購買履歴や日常行動についてビッグデータを活用することとは対照的な概念がオープンデータである。オープンデータは、わが国では2017年5月30日の高度情報通信ネットワーク社会推進戦略本部・官民データ活用推進戦略会議決定によって以下のように定義されている。

　「国、地方公共団体及び事業者が保有する官民データのうち、国民誰もがインターネット等を通じて容易に利用（加工、編集、再配布等）できるよう、次のいずれの項目にも該当する形で公開されたデータをオープンデータと定義する。1. 営利目的、非営利目的を問わず二次利用可能なルールが適用されたもの。2. 機械判読に適したもの。3. 無償で利用できるもの。」

　これには、政府がわが国の少子高齢化や人口減少によって生産力の低下などによる経済活動の停滞といった社会における様々な問題に対して大きな懸念をもっており、この社会問題に対して、民間企業がデータを活用した新しい事業を開発することによって解決を図っていくことを活発化したいという意図がある。たとえば、都道府県や市町村といった地方公共団体が把握している医療機関に関する情報やWi-Fiスポットの位置情報、地域の人口の変遷などの情報を加工しやすいデータ形式で公開するというものである。そういったオープンデータを活用した新ビジネスの事例についても、「政府CIOポータル[5]」によって公開している。

　たとえば、自治体等が発表する花粉の飛散量などのデータを個人で閲覧するにはとても技術的に手間がかかり、花粉症患者にとって利用しにくかったが、民間企業がこのオープンデータを活用し、開発した花粉情報に関するスマートフォンアプリでは独自にわかりやすい飛散指数を基準として示し、グラフやランキングを活用して花

粉飛散量と地域を可視化している。ほかにも不動産において路線価などは公表されているが、物件の相場観が素人には分かりづらいというニーズから、オープンデータをベースにした 1,000 項目以上のデータを使い、独自のアルゴリズムで不動産価格を予測し、地図上に表示するアプリが民間企業によって開発されている。

　このように、これまで公開していなかった自治体の所有する各種データがオープンデータとして利活用しやすい形式で公開されると、思わぬ新サービスとして新産業を創出し、経済活動を活性化したり、防災・減災などに役立ったりすることで、自治体の生産性向上、ひいては市民生活レベルの向上へとつながるのである。

　オープンデータについても、わが国よりも米国の方がその取り組みは早かった。2009 年からはじまったオバマ政権は、政府保有の各種データは、税金によって収集された国民の財産であるという考え方のもとでオープンデータ政策を推し進めたのだ。国民の財産である以上、その財産を自由に誰でも使えるべきだということだ。Data.gov という米国政府のサイトでは、気象や交通など幅広いデータが公開されて新ビジネスの創出に活用されている。

## （4）AI（Artificial Intelligence、人工知能）

　ビッグデータやオープンデータを利用できる基盤ができても、その膨大なるデータを処理したり、分析できたりしなければ付加価値は生まれない。しかし、その膨大なデータを人間がすべて取り扱うこともまた非現実的である。そこで、技術的にも実用化が進んできた AI の活用がブームになり、第 4 次産業革命に重要な要素となっている。

　わが国で AI すなわち人工知能を語る際に必ず出てくるのが東京大学教授の松尾豊氏だ。彼の定義によれば人工知能とは、「人工的

につくられた人間のような知能、ないしはそれをつくる技術」とされている。IBM のワトソンなどが様々な機器やサービスに実装されていることから、人工知能はすでに完成しているかに思われるが、松尾氏によれば、まだ人工知能は実現していないというのだ。実際に、IBM のワトソンはすでにクイズ番組などにおいて人間に勝利している。しかし、ワトソンはクイズの出題についてその意味を理解しているわけではない。単に、クイズに出てくるキーワードと関連のある言葉を高速処理によってデータベースから抽出しているだけなのであるが、正答である確率がとても高くなるように学習されているということなのだ。

　身近なところでわれわれはスマートフォンのロック解除に自分の顔で認証する際の画像認識技術や iPhone のシリ (Siri) やアマゾン・ドット・コムのアレクサ (Alexa) と会話することで指示を出しているのも AI によって実現している技術である。ヤフーやグーグルで検索する検索結果もアマゾン・ドット・コムで次の商品をレコメンドしてくるのも全て AI によるものだ。

　AI はこれまでその技術的な発展と限界によって、何度かのブームを繰り返してきている。その歴史や技術的な議論はここでは詳述しないが、近年のブームにおいて重要なのは、グーグルがその権化である統計的自然言語処理による機械学習が発達したことと、ディープラーニングの登場によるものである。

　機械学習とは、膨大なデータを分析して精度の高い予測や判断を下す技術のことである。データを何度も学習することで、そこからパターンやルールを発見し、より精度の高い予測を立てることができる。これを実現するには、そもそも学習する対象としての膨大なデータを必要とするし、そのデータを処理できるだけの高性能なコンピュータも必要とするが、1990 年代からウェブページが生まれた

ことで世界には膨大なデータが生まれ、ウェブ上のテキストデータ
に対する自然言語処理の技術も進化したことが実現の背景にある。
　たとえば、英語と日本語における自動翻訳技術であれば、翻訳エ
ンジンは本当に人間のように文法を論理的に理解して翻訳している
のではなく、膨大な英語と日本語の文章の翻訳例や文章というデー
タから統計的にペアになるパターンを学習して合致する確率の高い
翻訳結果を予測しているのである。
　ディープラーニングとは、機械学習の分野の１つで深層学習と
もいわれている。人間のニューロンと呼ばれる神経細胞網を模した
ニューラルネットワークと呼ばれる数式モデルがベースになってい
る。このニューラルネットワークはそのまま人間のニューロンと同
等の性能を有しているわけではない。しかし、ニューラルネットワー
クをいくつもの層として多重に用いることで、画像認識や音声認識
の精度を高めているのが特徴である。グーグルの子会社ディープマ
インドによる AI プログラム AlphaGO が 2016 年に囲碁の世界トッ
プクラスの棋士に勝利したのはこの技術によるところが大きく、こ
のニュースが世界に AI 時代の到来を身近に感じさせてくれたので
ある。
　AI が進化を続けていくと、究極的には AI 自らが自らを凌駕する
AI を作り出すという技術的特異点（シンギュラリティ）に達するこ
とになる。未だその実現性はないと言われているが、技術的進化の
方向性としてはそちらに向かって研究も進むであろうし、倫理や道
徳などの問題と社会的に複雑に絡み合いながらも AI の進化は止ま
らないだろう。定型的な業務や正解が１つとなるような仕事は AI
にとってかわられるという議論も流行した。税理士や会計士の仕事
はすでに減少をはじめている。これを単なる技術的課題として経営
は無視できないし、優れた AI の開発や AI を利用・活用する方法に

おいて優れていないと今後のどのような産業分野の企業であろうとも経営課題の解決には必ず遅れをとるし、技術的動向についてあらゆる専門分野において無視できない時代になったのだ。

## （5）IoT（Internet of Things）とクラウド

インターネットに接続してきたのはパソコンを筆頭に情報機器であった。それはタブレット型パソコンやスマートフォンという、わかりやすいインターネット端末であった。しかしIoTとは、これまでインターネットに接続していなかった多種多様なモノがインターネット回線に接続させることで情報交換する仕組みのことである。それは、住宅やビルといった建物の中における電動トイレ、冷蔵庫、エアコン、湯沸かし器、照明などのあらゆる家電製品や、自動車やバス、飛行機などの移動手段となる機械、生産をおこなう工場における様々な工作機械や設備、そしてドローンなども含めて多岐にわたるあらゆるモノを対象としている。それらの機器に備わるセンサーや駆動装置がインターネットを通じてサーバーやクラウドサービスに接続され、使用のタイミング、頻度、温湿度、個体数、画像データ、成分などの大量の情報が相互連関して処理・分析・変換・連携を可能にしていくのである。

IoTによって、お年寄りの見守りやわれわれの健康管理、最適な室内空間の温湿度管理、電気代の節約や消耗品の買い替えなどを家庭内でスマートに自動化でき、交通網も渋滞予測や自動運転、最適な乗り換えなどを実現することにより、移動費用の削減と地球環境の保護につなげることができる。工場など産業の現場においては、作業者やロボットの最適な配置、作業効率の向上、生産ラインのボトルネックの発見などに活用されているのである。そして、それら家庭と交通と産業をスマートに高効率で接続することも可能にする。

　このような IoT が進展すると、インターネットに接続されたモノのセンサーからは膨大なデータが収集され、ビッグデータとなることもある。そしてこのデータを AI に学習させることで様々なサービスを実現できるのである。そういったサービスの実現において活用されているのがクラウドサービスによる IoT プラットフォームの構築である。クラウドとは雲のことを指すが、クラウドコンピューティングの略である。インターネットなどのネットワークを介して各種サービスを利用するコンピュータやソフトウェアの利用形態のことをいう。ユーザーである企業や個人は雲のような見えない向こう側の機器とソフトウェアによるサービスを受けることができる。一から自前の機器とソフトウェアをそろえることは IoT による事業を開始するにあたりハードルが高すぎる。したがって、こうしたクラウドサービスによる IoT プラットフォームを提供するビジネスが盛んになっている。

　やはり、この IoT プラットフォームにおいても現在強いのはアマゾン・ドット・コムであり、提供されているサービス名は AWS である。ほかにも、マイクロソフトアジュール、グーグルクラウドが追従し、中国のアリババクラウドも健闘している。

## 3．企業経営のデジタル化事例
### （1）テスラと CASE
　日本でも最近はテスラ（Tesla）の自動車を見かけるようになった。そして、EV（Electric Vehicle、電気自動車）の代表としてその存在感を増している。2021 年現在において時価総額は 6,500 億ドルをこえて世界ランキングで 10 位以内にいる。世界一自動車を生産・販売しているトヨタ自動車が 32 兆円ほどなので 1 ドルを 110 円ほどで計算するとテスラは 2 倍の企業価値があることとなる[6]。

　テスラが自動車メーカーとして特異であることは、製造において
ボディーやドアなどを自社内でアルミ板をプレスして作ってしまう
など、一般的に下請け企業が製造する部品を含めてボディー、モー
ター、バッテリーという主要部品を革新的な製造方法によって内製
化していることや、販売においてもネットによる完全受注生産を販
売の１台目から貫き、広告宣伝費を使っていないなど圧倒的だ。
　そして、EV という IoT との相性のよさを生かして、CASE の先
頭を走っているといえる。CASE とは、Connected（コネクティッ
ド）、Autonomous/Automated（自動化）、Shared（シェアリング）、
Electric（電動化）という自動車と IoT の関わりから生まれる変化を
表現した概念である。テスラの販売した EV は累計 100 万台を超え、
ほとんどの EV に実は自動運転機能が組み込まれている。8 台のサ
ラウンドカメラによる画像を処理して実現するオートパイロットと
呼ばれるこの機能は、専用ソフトウェアの使用料を支払うことで利
用可能になる。こうして世界中にテスラのオートパイロットが走行
することで、数 10 億キロメートルもの走行実績が生まれ、そのこ
とがそのままテスラに圧倒的なビッグデータとして集積しているの
である。
　とても大きなタッチパネルのディスプレイを搭載したテスラの
EV はまさにインターネットと接続し、ナビゲーションからオート
パイロット、モーターやバッテリーの制御もソフトウェアのアップ
デートとしてリモートで進化し続けている車両なのである。EV に
限らず IoT との関係性において CASE を実現することに関しても
日本の自動車メーカーは遅れをとっているのだ。

## （2）ネットフリックスと DX
　DX とは Digital Transformation の略であり、2004 年ごろに使わ

れはじめた概念で、2018年に経済産業省が発表した『DX推進ガイ
ドライン』によれば、「企業がビジネス環境の激しい変化に対応し、
データとデジタル技術を活用して、顧客や社会のニーズを基に、製
品やサービス、ビジネスモデルを変革するとともに、業務そのもの
や、組織、プロセス、企業文化・風土を変革し、競争上の優位性を
確立すること」と定義されている。すなわちデジタル情報技術によっ
て企業活動のあらゆる側面を変革できるということである。

　DXを論じる際に必ず事例とされるのはネットフリックスである。
4度のDXによってそのビジネスモデルを変革し、現在の地位を短
期間で手に入れた成功事例だからである。1997年に創業した同社は、
創業者がレンタルビデオを返却し忘れて延滞金を支払ったところか
ら着想して起業している。日本でいえばツタヤ（TSUTAYA）のよう
なレンタルビデオやDVDのリアル店舗に対抗してオンラインでの
DVDレンタルサービス事業を世界で最初に展開した。

　新作を大量にアピールする既存の大手チェーンに対抗するため
に、オンラインサービスにおいてデジタル技術を活用して旧作の中
から個人別にカスタマイズされた効果的なリコメンド機能を実装し
て付加価値とした。これがネットフリックス最初のDXである。次
のDXはサブスクリプションの導入である。月額20ドルで6本を
レンタルできるという定額サービスを導入した。延滞料金はかから
ないが、返却しないと次の1本が届かない仕組みである。あらかじ
め6本を予約する形式なのでデータによる嗜好性の予測精度が高ま
る。3回目のDXは2007年の専用受像機によるテレビでのビデオ
オンデマンドの実現であった。形のあるDVDレンタルからの脱却
である。ほぼ現在のネットフリックスのビジネスモデルになってい
る。そして、4回目が自社オリジナル作品の製作と配給である。ネッ
トフリックスでしか見られない作品によって、ライバルになってき

た後発のディズニーとフォックス（FOX）が米国で立ち上げたフールー（Hulu）と差別化し、配給会社による値上げにも対応しているのである。たとえば12話の連続ドラマであってもネットフリックスオリジナルのドラマについては公開初日から12話を同時公開し、何日かに分割して見ることも一気に全話見ることも自由として、視聴機会にも革新をもたらしているのである。

## （3）日本の中小企業も DX へ

　ここまで見てきたように、GAFA やマイクロソフト、テスラ、ネットフリックスといった世界クラスの先進的なデジタル技術やその応用に関して優れたアイデアのある企業だけが DX を実現し、日本企業には、もはや出る幕はないのだろうか。もちろんそのようなことはない。例えば、京都のアルミ切削加工の中小メーカーであるヒルトップがある。ヒルトップでは、これまで職人技のデータ化に取り組み、職人が1つずつ対応してきた機械加工プログラム作成においてそのパラメータを大幅削減することに成功した。そして新入社員でも短期間で高精度加工を行える支援システムを構築している。さらに、そのプログラムを自社工場の加工機や他社にも遠隔でシェアして24時間無人加工を実現している。まさに DX と言える変革としては、こうした加工プログラムを職人ではなく AI によって自動作成するシステムを開発し、サブスクリプション形式での提供までしているのである。ヒルトップでは先輩社員と後輩社員が制度的にコミュニケーションを図り育成するための人事制度や、ジョブローテーションを戦略的に活用しながら、こうした DX を実現している。

　産地の中小企業が連携して産地全体を活性化する取り組みとして、2013 年ごろから地域一体型オープンファクトリーが注目されている。新潟県燕市・三条市周辺で開催されている「燕三条　工場の

祭典」や、福井県鯖江市周辺で開催されている「RENEW」、京都市で開催されている「DESIGN WEEK KYOTO」など全国で 20 か所をこえている。これは産地の企業が連携して、一定期間に複数の製造現場で普段は見せることのない工場や職人の技をあえて公開し、来場者と職人が直接交流・体験するイベントである。たとえば、銅器を製作する 200 年企業に訪問して、1 枚の銅板をたたき上げることによってやかんに仕上がる工程を間近で見学し、その工場のにおいを嗅ぎ、金槌で叩く大きな音を聞き、職人の息づかいを感じ、ものづくりへの実直な思いを聞けるといった一連の体験をすることができる。これはまさに究極的にアナログな日本の職人技を体験するイベントであった。日本全国の産地では事業の後継者も職人技の伝承者もおらず、衰退の一途であった。しかし、このオープンファクトリーというイベントによって、各地における産地の魅力ある職人技というアナログ技術にもう一度スポットライトがあたりはじめていた。「燕三条　工場の祭典」などは、グッドデザイン賞をはじめドイツの世界的デザイン賞を受賞したり、イギリスから職人が見学に来たりするなど新しい事業展開に向かってコラボレーションなどもはじまっていた。しかし、2020 年にコロナ禍によって直接的に現場でコミュニケーションすることに価値のあるオープンファクトリーイベントは感染拡大防止の観点から全国各地でほとんどが中止された。

　ただし、単に中止してアナログ技術がそのまま埋もれてしまう方向には向かっていない。このオープンファクトリーというイベントはオンラインでの開催が各地で模索された。これまでほとんどコンピュータの入っていなかった作業場にカメラを持ち込み、ユーチューブ (Youtube) にアップする動画を撮影・編集したり、ZOOM でオンラインオープンファクトリーのコンセプトを打ち合わせたりと急激に職人工房にデジタル化がもたらされたのだ。オンライン工

142

場見学では生中継で職人自らカメラを回したり、工場を案内したりして日本全国あるいは世界にその職人技をアピールした。そういった動画はアーカイブとなり、オープンファクトリーのイベント期間中だけでなく、いつでもどこでも産地の職人技を理解できる動画集となって世界にアピールされている。これらの動きは、DX と呼ぶ域のものではまだないが、デジタルを活用した取り組みとして、その一歩を踏み出して産地に大きな影響を与えていると言える。

　このように規模・業種・職種などを問わずデジタルを活用できない経営はないのだ。一刻も早く、DX に着手することがすべてのわが国企業にもとめられているのである。


　謝辞
　本章執筆に関する研究の一部は、科研費 20K13604 の助成を受けたものです。心より感謝を申し上げます。

〔注〕
1) 日本経済新聞 2020 年 5 月 9 日朝刊 3 ページ
2) ダイヤモンド社『週刊ダイヤモンド』2018 年 8 月 25 日号
3) 株式会社 NTT ドコモによる携帯電話からインターネットや E メールを利用できる世界初の携帯電話 IP 接続サービスであった
4) フェイスブック会社情報。https://about.fb.com/ja/company-info/ 2021 年 6 月 30 日アクセス
5) 政府 CIO ポータル。https://cio.go.jp　2021 年 6 月 30 日アクセス
6) ヤフーファイナンスにてテスラとトヨタ自動車の株価について確認した。https://finance.yahoo.co.jp/ 2021 年 6 月 30 日アクセス

〔参考文献〕
1. 大前研一 (2021)『大前研一 DX 革命』プレジデント社
2. 経済産業省 (2018)『DX 推進ガイドライン』
3. Galloway, Scott（2017）. The Four: The Hidden DNA of Amazon, Apple, Facebook, and Google. New York: Portfolio/Penguin.（ギャロウェイ, スコット著・渡会圭子訳 (2018)『the four GAFA 四騎士が創り変えた世界』東洋経済新報社）
4. 坂村健 (2021)『DX とは何か』角川新書
5. 総務省 (2018)『情報通信白書』
6. 内閣府 (2017)『日本経済 2016 － 2017』
7. 西山圭太 (2021)『DX の思考法』文藝春秋
8. 松尾豊 (2015)『人工知能は人間を超えるか』角川 EPUB 選書
9. 山本昌作 (2018)『ディズニー、NASA が認めた 遊ぶ鉄工所』ダイヤモンド社

# 第9章　財務管理

## －企業はどのように資金を調達し運用するのか－

## 1．財務管理の意義

　財務管理は、経営管理上の大きな柱である。財務管理の目的は、会社に必要な資金をどのように調達して、その資金をどのように運用していくかの施策を考えて企業価値をあげるために実行していくことにある。資本主義経済においては、市場で成立する価格をシグナルとして用いて、希少な資本が国民経済において有望な使途に効率的に配分されることを目途とするが、それを企業内部で実行する職能が、財務管理であるともいえる。

　資金調達システムが健全に機能していない国家においては、資金調達の道は既得権益者層のみに開かれている。一部の資本家のみが資金調達ができて、独占的な事業展開ができる。才能やアイディアがあってもコネクションがない限り資金調達は困難である。現在でも資本主義とはいえ、こうした要素が色濃く残っている国々も見受けられる。一方、金融インフラが十分に発達した、いわゆる開かれた資本主義経済においては、特定のコネクションがなくても、事業のアイディアや才能があるなら、資本調達の道が開かれている。資金の潜在的な提供者は透明性の高い情報開示制度を通じて、当該ビジネスを評価し、資金を提供する。その評価が適切であった場合には、適切なリターンを獲得できる可能性があるからである。我が国も概ねそのような状態にあるといえる。健全な金融システムは、人々に資金調達機会の平等を与えてくれる。

　世界的にみると、資本主義国家の中で、市場中心型経済と銀行中心型経済に分類されるが、前者は英米諸国が該当し、後者は我が国やドイツである。我が国においてはメインバンク制を基本として、長らく経済成長が実現されてきたといえる。1980年代頃までは株主資本比率は概ね15％程度で推移しており、その意味では我が国企業の資本構造は大きく負債に依存していたといえる。我が国企業の財務状態は脆弱であったのである。直接金融の市場に制約があったことも大きな原因と考えられる。その後、バブル経済を経て、多数の上場企業がエクィティファイナンス（後述）を実行することになった。そうした影響もあって株主資本比率は徐々に上昇していくことになった。その後、我が国企業の利益獲得能力の向上、内部留保傾向の増大などもあり、株主資本比率は40％に近い水準までに上昇した。さらに昨今では、厚すぎる内部留保が問題とされる企業も散見されるまでに至っている。

　財務管理の内容は多岐にわたるが、本章では基本的内容についての解説に留める。詳細な内容については章末の参考文献等を参照されたい。

## ２．資金調達と資本構成

　企業の多様な資金調達手段や、企業価値を最大化するための資本構成について解説する。

### （1）資金調達の手段
　① 資金調達手段の類別化

　・外部金融と内部金融

　投資家や金融機関など企業外部の機関あるいは個人からの資金調達を外部金融という。外部金融のうち、企業間信用とは、買掛金や

支払手形などの買入債務をさす。商取引での企業の信用力をもとにした企業間信用が外部金融の手段とされるのは、買入債務が一定期間は支払いを猶予されるという点で金融機関からの短期借入金と同一の機能を有すると考えられるからである。

　一方、内部金融とは、企業が調達した資金を運用して得た利益のうち、企業内部に留保している資金をいう。損益計算書で費用勘定となる減価償却費は、実際には資金の流出を伴わない費用であり、内部金融の一手段とみなされる。この点は後述する。

・直接金融と間接金融

　外部金融は、企業間信用を除き、直接金融と間接金融に区分できる。直接金融とは株式や社債等を発行して資本市場から直接的に資金供給を受ける方法であり、間接金融とは金融機関を経由して調達する方法である。

・他人資本と自己資本

　他人資本は貸借対照表の負債の部を表し、外部から調達した資本をいう。自己資本は、貸借対照表の資本の部を表し、企業内部に蓄えられた株主の持分をいう。

② 負債による資金調達

　負債による資金調達はデットファイナンスと呼ばれ、銀行からの借入によるものと社債発行によるものがある。前者は間接金融、後者は直接金融にあたる。

・銀行借入

　我が国において企業に資金供給を行う金融機関には多くの種類が

あり、企業規模、資金用途などに応じて貸付先のマーケット・セグメンテーションが行われている。金融機関からの借入には元本および金利の返済義務があり、一般に社債と比べて一回の借入金額が少なく、返済期間も短期の場合が多い。企業にとっては、必要な時に迅速に資金調達でき、社債や株式発行に比べてメリットがあるといえる。返済までの期間が1年以内の借入金は短期借入金であり、実務では以下のような手法がある。

・手形借入

　借用証書の代わりに、金融機関を受取人とする約束手形を振り出して手形に記載された金額から利子を控除した金額を受領し、支払期日に手形記載の金額を金融機関に支払うという形での融資である。返済は預金口座からの自動引き落としではなく、返済回数の分だけ約束手形を振り出し、その約束手形を決済することで融資の返済とする方法である。この融資を銀行から受ける場合、銀行との当座取引がなくても可能で、当該金融機関の専用の手形用紙が使用される。金融機関（貸し手）は金銭債権と手形債権という二種類の権利を有することになる。手形借入は、返済期間が1年以内の短期間が通例である。つまり使途が限定されているということであり、季節によって左右される業種や製造業・建設業において利用されることが多い。また、それ以外の業種においても、納税や賞与のための資金調達時の一時的な資金不足に対して利用される。

・当座借越

　金融機関と予め当座借越契約を結び、一定限度額までは当座預金残高を越えて小切手を振り出せる。当座借越は金融機関から一時的に借入をしている状態であり、一時的な資金補填を行う手段として利用されている。

・証書借入

　借用証書を発行して金融機関からの融資を受ける方法で、正式には金銭消費貸借契約と呼ばれる。数年間の期間を定め、毎月、利息と元金の返済をしていくものである。証書借入を受けるのは個人、会社を問わない。（個人の場合、住宅ローン、マイカーローン等が該当する。）月々の返済額には元金均等償還と元利均等償還がある。前者は、毎月元金を定額ずつ、利息を月割りで返済する方式で利息計算も分かりやすいという利点がある反面、借入直後はその元利の返済額が大きくなる。事業資金の融資返済の多くはこの元金均等償還になる。後者は利息の金額と元金の返済額が均等になるように計算して算出した一定額を返済するもので、返済当初は返済額の大部分が利息の返済ということになる。

　なお、長期借入金として、一年を越えて返済される借入金もある。以上のような借入金以外にも、株主、役員、従業員、および関連会社の借入金もある。さらに本当の意味での借入ではないが勘定科目が負債に入っている未払金、未払費用、手付金、前受金、預り金、仮受金、前受収益等は、借入と同様の効果をもっており、一時的な運転資金として利用可能である。


・手形割引

　手形満期日が到来する前の受取手形を金融機関に持ち込み、所定の割引料を差し引かれた金額を入手する方法である。本来的にはこの手形割引は金融機関からの融資ではないが、万が一その手形が不渡りになった場合に融資に関係してくる。割引を受けた後で、当該手形が不渡りになった場合にはその約束手形の買戻しを請求されることになり、買い戻せる資金余裕がなければ連鎖倒産になるが、割引先が金融機関であれば融資が可能になる場合もある。

・社債

　社債は法的な債務であり、企業は、資金調達コストとして確定利子を支払い、所定の期日までに元本を返済する必要がある。この点で、社債の発行は負債つまり他人資本による資金調達手段である。しかし、間接金融である借入金とは異なり、資本市場から直接的に資金調達できる手段であることから、直接金融の性格を併せもつといえる。

　同様に直接金融を担う立場にありながら、株主と社債権者の違いは、社債権者が債権者の立場にあり、確定利子と元本を原則的には必ず受け取れる権利を有することにある。その一方、社債権者には株主のように企業の所有者の立場からの経営に対する発言権はない。

### ③ 株式による資金調達（エクィティファイナンス）

　エクィティファイナンスは、返済期限が定められていない資金調達手段であり、財務体質を強固にする効果がある。同じ直接金融の手段である社債と比較して、支払利子などの当面の資金負担が少ないという点もメリットである。しかし、既存株主の視点からみると、増資によって株式数が増加するために、従来から発行されていた株式の一株あたり利益が希薄化する可能性がある。また調達した資金が適切な投資に振り向けられなかった場合は、それまでの配当政策や会社の支配関係などに影響が出る可能性もあるなどのデメリットもある。

　新株発行の場合、発行にあたって払込金がある場合（有償増資）と払込金がない場合（無償増資）があるが、エクィティファイナンスにあたるのは有償増資の場合である。通常、エクィティファイナンスは時価発行によって資金調達される。有償増資は当該新株を引き受ける権利を誰に与えるかについて、既存の株主に新株を引き受ける

権利を与える「株主割当」、企業の取引先や取引銀行、自社の従業員等、企業と関係のある特定の第三者に新株を引き受ける権利を与える「第三者割当」、さらには広く一般に新株の払い込みを求める「公募」がある。なお、公募と時価発行は同義に使用されている。

また新株予約権付社債もエクィティファイナンスとみなされている。

## （2）最適資本構成

自己資本と他人資本について、どちらをどれだけの割合で資金調達するかということは経営財務にとって大きな課題である。経営財務の目的が企業価値の最大化にあると考えると、経営者は企業価値を最大化させるような他人資本と自己資本のバランス、つまり最適資本構成がどれだけの割合なのかを認識しなくてはならない。

最適資本構成に関して「完全資本市場の下では企業価値は資本構成の影響を受けない」とするモジリアーニ＝ミラー理論（MM の無関連命題）が有名である。投資判断に必要な情報が平等に入手できること、コストをかけずに入手できること、取引費用や法人税がないこと、株式売買が自由であることという条件を満たした完全資本市場において、資産内容が同じ2つの企業の企業価値は、どのような資本構成になっているかに関係なく同一であることを証明したものである。

企業価値を決定する要因はキャッシュフローであり、それを生み出すのが企業の資産である。したがって、企業価値に影響を与えるのは、保有している資産の内容であって、どこから資金を調達したかという資本構成ではない。このことをパイやピザに例えると、資産内容とキャッシュフローがパイやピザの大きさつまり企業価値を決めている。資本構成は、パイやピザをどのようにスライスするかを決めているにすぎず、スライスの仕方がパイやピザの大きさに影

響しない。ＭＭの無関連命題は、このような比喩を用いて説明されることから、パイ理論あるいはピザ理論と呼ばれることもある。

### （3）財務レバレッジ効果

　総資産のうち、自己資本と他人資本の構成比率を「資本構成」と呼ぶ。その代表的な尺度は「自己資本比率」である。仮に返済義務のない自己資本だけで活動し、自己資本比率100％であれば、企業にとって心配はないが、それだけでは十分に資金が集まらないし、銀行借入の利子が株主への配当金の支払いよりも小さい場合、借入を増やすほうが有利である。ただし、他人資本を利用する場合は、「財務リスク」が増大することに留意する必要がある。

　財務リスクとは、企業が他人資本を利用することによって、株主にとって投資の収益率といえる自己資本比率の変動が大きくなることである。財務リスクは一般に「財務レバレッジ効果」として知られ、負債と自己資本の比率である「レバレッジ比率」の影響を受ける。

　財務レバレッジ効果とは、資本構成中の負債の割合すなわちレバレッジ比率によって、自己資本利益率が総資産利益率よりも高く押し上げられたり、引き下げられたりする現象である。その際、負債依存度が大きいほど（レバレッジ比率が大きいほど）総資産利益率の変動にともなう自己資本利益率の変動が増幅されることになる。

## ３．運転資本管理　－資金運用－

### （1）正味運転資本

　財務管理の対象となる資金運用には、固定資産への投資など頻度が低く比較的金額の大きい資金運用以外に、経常的に行われる資金運用がある。これを「運転資本管理」または「運転資金管理」という。一般に運転資本管理とは正味運転資本の管理をさす。

　正味運転資本とは貸借対照表において流動資産から流動負債を差し引いたものである。勘定科目としては、売掛金、受取手形、棚卸資産、有価証券、買掛金、支払手形、短期借入金等が対象範囲である。流動資産と流動負債のバランスを管理することが運転資本の管理ということになる。そのためのツールとして前期と後期の貸借対照表を比較して、各勘定科目の残高の増減をもとに作成される「資金運用表」が用いられる。正味運転資本の増減を見極めるために作成されるのが資金運用表であり、その構造は、資金の源泉、資金の使途、運転資本増減明細という3部から成り立っている。

### （2）正味運転資本の増減要因

　正味運転資本は流動資産と流動負債の差額であり、流動資産の増加や流動負債の減少により、正味運転資本は増加する。また流動資産の減少や流動負債の増加で正味運転資本は減少する。

　一方、長期資金である固定負債や自己資本、長期の資金運用先である固定資産の増減も正味運転資本を増減させる要因となる。

　運転資本管理における代表的な項目として、以下では売上債権、棚卸資産、流動負債の三つを挙げ詳述する。

### ① 売上債権の管理

　売上債権とは、流動資産のうち、売掛金と受取手形をさす。売上債権の水準は、売上高、信用条件、顧客の信用リスクの程度、季節的要因等の影響を受けて変化する。多くの企業は、顧客に信用を供与することで、財やサービスの提供と同様に財務サービスを提供していることになる。企業は、他社と比較して有利な信用条件を設定するならば売上高を増加させることが可能となるであろうが、顧客に対する信用条件ばかりに重点を置くと売上債権が膨らみ回収期

間が長期化することになり、貸し倒れの可能性や管理費用の増大といったリスクを負うことになる。このように顧客への信用供与と売上債権回収期間の短縮化は、一種のトレードオフの関係にあるといえる。売上債権の適正規模は、それぞれの企業の販売量や業界の特性・慣習などによって異なる。しかし、取引先が万が一倒産して売上債権が回収できなくなるという信用リスクの回避のためには、売掛金や受取手形の残高をコントロールする与信管理が必須である。

### ② 棚卸資産の管理

棚卸資産は総資産に占める割合が高いので、財務管理上、重要な課題である。必要以上の在庫保有は資産の固定化を意味する。棚卸資産は流動資産の中でも一般に流動性が低く現金化しにくい。見込み生産を行っている場合は販売予測と在庫管理の精度が収益性に直結するし、販売予測と在庫管理の精度が収益性に影響する。

もっとも、単に在庫水準を減らせばよいというものでもない。一定程度の在庫水準を保持しておかないと販売機会の喪失を招くのみならず、多頻度の少量発注に関わるコストの増大が発生することになる。

### ③ 流動負債の管理

流動負債は、事業活動における信用取引の手段として利用される支払手形、買掛金、未払金、未払費用などの無利子負債と、金融・証券市場から調達する短期借入金、コマーシャルペーパーなどの有利子負債とがある。

支払手形と買掛金は仕入債務と呼ばれており、信用取引によって生じる支払いの延期手段である。その返済は一時的に猶予され、猶予期間は支払いに必要な資金調達の必要はない。その意味で、仕入

債務は短期の資金調達手段の一つである。コマーシャルペーパーは金融機関からの間接金融による短期借入金とは異なり、資本市場から直接に資金調達する手段であり、優良企業が無担保で短期金融市場から資金を調達する約束手形である。

　流動負債は、短期に支払い期日が到来し、約定違反は企業破綻を招来しかねないので、準備資金の確保が肝要である。支払い・返済のための原資は短期の収入源である営業収入や売上債権の回収などで充当されるので、流動負債の支払い・返済管理は現金残高や売上債権の管理と連動して行う必要がある。

### （3）運転資本管理の実務手法

　資金繰りは日常的に生じる資金の動きと設備投資の資金や借入金、社債などに関する資金の動きの二つに大きく分けられる。日常的な資金の動きとは、例えば入金側では、売掛金の回収や受取手形の期日入金、出金側では買掛金の支払や支払手形の決済などを指す。これらは業務の遂行に伴い、日常的に発生するものである。販売費の中には営業社員が使用する交通費、通信費等も含まれる。このような出費も日常的な性格を有している。他方、設備投資に関する支払いや長期借入金の返済、あるいは社債の償還日に返済資金が出金される現象は、一年の中で度々起きるというものではない。つまり、事前に支払期日が判明しているものが大半である。株主に対する配当金の支払いもここに入る。

　このため、企業内の資金繰りでは、前者の日常的な資金の動きと後者の大きな金額を伴うイベント的な資金の動きを分けて管理するのが通例である。日常的な資金収支が入超になるように努める。例えば、現金販売の比率を引き上げたり、売掛金回収に注力するといった行為が該当する。日常的な資金の動きで、一時的に資金不足が生

じると予想されるとき、企業は銀行などから、「つなぎ資金」を借り入れて対応することがある。こうした性格の資金は「運転資金」と呼ばれている。

　一方、設備投資の資金などは、事前に出金日が判明している。資金計画や財務管理のなかで、事前に資金手当を進めておくことが多い。直前になって資金手当しようとすると、その時の金利が高くなっていたりして予期せぬコスト増が生じる場合がある。

　資金を長い性格のものと短い性格のものに区分する方法もある。例えば設備投資の支払い用の資金は長い性格の資金である。企業がそのために金融機関から借りるのは短期借入金（運転資金向け）ではなく、長期借入金になる。債券の償還資金は必ずしも借換債発行で調達する必要はない。自己資金の余裕分で対処したり、銀行からの借入で返済してもよい。

　要するにお金に色はついていない。したがって適当に資金繰りを講じればその場しのぎの処理は可能である。しかし、資金が長く寝てしまうような投資案件に、短い性格の資金を投入すると、資金繰り上で構造的なミスマッチを抱え込むことになり、大きな問題を引き起こしかねない。

　資金繰り表は、過去の資金の実績等を踏まえて、その資金が企業活動の原因別に、期間ごとにいくら入り、いくら出て、残高がいくらか、あるいはいくら不足かを予測し一覧で示すものである。資金のフローを把握し収支のタイミングを図るのに利用される。

　正味運転資本の増減を調べるための資金運用表は、前期の貸借対照表と当期の貸借対照表上の各勘定項目についての増減をもとに作成される。資金運用表は、資金の源泉、資金の使途、運転資本増減という三部で構成される。

　資金の源泉は、固定負債や自己資本の増加、および固定資産の減

少という正味運転資本の増加要因を示した部分である。費用として
は計上するが、実際には資金の流出がない減価償却費も資金の源泉
に含まれる。長期借入金が増加した場合（固定負債の増加）、建物が
減少した場合（固定資産の減少）など、個々の勘定科目について正味
運転資本の増加要因が列挙される。

　資金移動表とは、２期間の貸借対照表の各勘定科目の残高の増減
と当期の損益計算書の各損益項目とを有機的に結び付けて収入と支
出を捉え一覧にした資金表である。一定期間内の資金調達と資金運
用がわかり、資金の移動状況や財政状態を明示できる。資金移動表
は、経常収支、経常外収支、財務収支の３つに区分表示し、これか
ら資金の増減を見るのである。

## 4．自己金融効果
### （1）減価償却

　収益を獲得するために貢献した資産については、費用収益対応の
原則により、取得原価を収益の獲得のために利用した期間にわたっ
て費用配分するのが企業会計上望ましいと考えられる。建物や機械
設備など多くの有形固定資産については、機能的・物理的な減価を
容易に把握することができないので、可能な限り合理的となるよう
に費用化される。

　減価償却という手続きによって、有形固定資産の価値減少分は減
価償却費として計上され、これら有形固定資産を利用することに
よって得られた収益に負担させられる。この結果、収益に対する費
用が正しく計上され、適正な損益計算が行われることになる。減価
償却は、毎期の損益計算を適正にすることを主たる目的としている。

　収益は企業に資金の流入をもたらす。ところが、減価償却費は支
出を伴わない費用なので、その分だけ資金が企業内部に留まること

になる。資金が企業内に流入し留まるのであるから、減価償却は資金的には、銀行借り入れや株式発行の場合と同様の効果を持っている。これを一般に減価償却の自己金融効果、あるいは自己金融作用という。またローマン・ルフチ効果と呼ばれることもある。

そもそも減価償却費は支出を伴わない費用なので、減価償却費の額に相当する資金が企業内に留保されるという効果のことであり、それにより固定資産の耐用年数期間に渡って再取得に必要な資金が創出されるという効果のことをいう。しかし、この減価償却費の額に相当する資金というのは、減価償却という行為そのものによって獲得されているわけではないということを認識しておく必要がある。あくまでも、この減価償却の額に相当する資金というのは、減価償却費が計上された会計期間の売上によって獲得された現金・預金・売掛金などの貨幣性資産により企業内部に留保されたものである。したがって、当然のことながら、減価償却費よりも当期純損失（赤字）の額が多いといった場合、収入よりも減価償却費が多い部分については、「自己金融効果」は生じないことになるといえる。

また、減価償却費よりも多額な当期純損失が計上されていなかったとしても、自己金融効果によって獲得された資金を銀行などに預けておくなどしていないと、固定資産の耐用年数到来後に再投資しようとしても、すぐに再投資に必要な資金を準備することはできない。

つまり、自己金融効果は、売上によって獲得された資金を事業資金として使わずに積み立てておくことが暗黙の前提になっているといえる。しかし実際上は売上によって獲得された資金はすぐに事業資金として使用されるのが通常であり、直ちに再投資のための資金を用意するのは困難である。

## （2）内部留保

　内部留保とは当期純利益のうち配当金に回されない部分をいう。つまり、企業が生み出した最終的な利益のうち、内部（社内）に蓄えられる部分を意味し、貸借対照表・純資産の部の利益剰余金として表示される。利益剰余金は、企業が自ら利益を出し株主の配当を支払わずに資金調達した部分といえる。ここで重要なことは、利益剰余金が増加した分、企業が現金・預金として保有しているわけではないということである。利益剰余金としての貯金が存在するのではなく、有価証券や設備などに投資されている。

　内部留保は企業にとって利益を蓄えることを意味し重要であるが、その理由として二つの側面がある。一つは、万が一の時に備えるためである。例えば2020年からの新型コロナウィルスの蔓延によるコロナショックといわれる経済危機で、消費が冷え込み不景気になっている。不景気下では利益が低くなる傾向があり、利益が出なければ貯金を切り崩すことになる。それも難しいなら金融機関からの融資を検討することになるが、受けられないこともあり、万が一の経営危機に備えて内部留保を行うことが重要である。もう一つは内部留保が信用スコアになるということである。これは我が国の商慣行の影響もある。我が国では支払いをかなり先延ばしにする掛取引が主流である。掛取引が根強いのは企業間の「信用」があるためである。とくに内部留保の累計額を意味する利益剰余金は、信用スコアとして重要視される指標の1つといえる。

〔参考文献〕
1. 國広員人（1997）『財務管理の知識』日本経済新聞社
2. 小山明宏（2010）『経営財務論新訂第二版』創成社
3. 花枝英樹（2005）『企業財務入門』白桃書房

160

図表 9-1　資金繰表の事例

| 項目 | 4月 | 5月 | 実績<br>期首〜1月迄 | 予定<br>6ヶ月累計 |
|---|---|---|---|---|
| 前月繰越高 | | | | |
| 現金売上 | | | | |
| 売掛金回収 | | | | |
| 受取手形期日落 | | | | |
| 未収入金回収 | | | | |
| 前受金 | | | | |
| 受取利息・配当金 | | | | |
| 雑収入 | | | | |
| その他 | | | | |
| 小計 | | | | |
| 現金仕入 | | | | |
| 買掛金支払 | | | | |
| 支払手形決済 | | | | |
| 未払金・未払費用 | | | | |
| 前渡金 | | | | |
| 貸付金 | | | | |
| 仮払金 | | | | |
| 人件費 | | | | |
| 外注加工費 | | | | |
| その他販売・管理費 | | | | |
| その他製造経費 | | | | |
| 租税公課 | | | | |
| その他 | | | | |
| 小計 | | | | |
| 差引過不足 | | | | |
| 短期借入金 | | | | |
| 長期借入金 | | | | |
| 手形割引高 | | | | |
| 預り金 | | | | |
| 小計 | | | | |
| 短期借入金返済 | | | | |
| 長期借入金返済 | | | | |
| 預り金支払 | | | | |
| 小計 | | | | |
| 次月繰越高 | | | | |
| 受取手形 | | | | |
| 売掛金 | | | | |
| 支払手形 | | | | |
| 買掛金 | | | | |
| 短期借入金 | | | | |

# 索引

**【A】**

4P　108
AI（Artificial Intelligence、人工知能）　133
BATH　129
CASE　137
CSR　25
CSV　30
DX（Digital Transformation）　138
GAFA　126
IoT（Internet of Things）　136
Place　119
Price　112
Product　109
Promotion　117

**【あ】**

アナログ　141
異動　92
運転資本管理　152
エクィティファイナンス　150
延期・投機の理論　54
オープンデータ　132

**【か】**

科学的管理法　56
株式会社　5-6, 19
監査役　8
カンパニー制組織　77
かんばん　58
官僚制　20
機械学習　134
企業　8-9
企業観　17
企業形態　19
企業統治　17
企業の社会的責任　25
規模の経済性　45
競争戦略（事業戦略）　38, 39, 44

競争優位　38, 39, 44
クラウド　136
グローバル・マーケティング　122
経営資源　8, 11, 12
ゴーイングコンサーン　18, 22
コーポレート・ガバナンス　17, 26
公企業　2, 19
合資会社　4-5, 19
合同会社　5, 19
合名会社　4, 19
コスト・リーダーシップ戦略　44, 45
雇用管理　90

**【さ】**

最適資本構成　151
財務レバレッジ　152
採用　91
サプライチェーン・マネジメント　59
差別化戦略　44, 45
三方よし　22-23
私企業　19
事業　9
事業部制組織　75
自己金融効果　157
市場細分化　43
シナジー効果　49
社会的企業　32
社債　150
ジャスト・イン・タイム　58
集中戦略　44, 46
受注生産　54
需要の価格弾力性　114
昇格　93
証書借入　149
昇進　93
職能資格制度　93
職能部門別組織　73
ジョブ・グレード　95
シングルループ学習　81

現代の企業経営

2021 年 11 月 10 日初版発行
2023 年 12 月 15 日 2 刷発行

編著者　西田安慶　林純子
著　者　河田賢一　丸山一芳　日向浩幸　宮井浩志　西田郁子
発行者　岡田金太郎
発行所　三学出版有限会社

〒 520-0835 滋賀県大津市別保 3 丁目 3-57 別保ビル 3 階
TEL 077-536-5403　FAX 077-536-5404
https://sangakusyuppan.com

亜細亜印刷（株）印刷・製本